O verbal e o não verbal

FUNDAÇÃO EDITORA DA UNESP

Presidente do Conselho Curador
Herman Voorwald

Diretor-Presidente
José Castilho Marques Neto

Editor Executivo
Jézio Hernani Bomfim Gutierre

Assessor Editorial
Antonio Celso Ferreira

Conselho Editorial Acadêmico
Alberto Tsuyoshi Ikeda
Célia Aparecida Ferreira Tolentino
Eda Maria Góes
Elisabeth Criscuolo Urbinati
Ildeberto Muniz de Almeida
Luiz Gonzaga Marchezan
Nilson Ghirardello
Paulo César Corrêa Borges
Sérgio Vicente Motta
Vicente Pleitez

Editores-Assistentes
Anderson Nobara
Arlete Zebber
Ligia Cosmo Cantarelli

COORDENAÇÃO DA COLEÇÃO PARADIDÁTICOS

Ernesta Zamboni
João Luís C. T. Ceccantini
Raquel Lazzari Leite Barbosa
Raul Borges Guimarães
Vera Teixeira de Aguiar (Série Linguagens e Representações)

VERA TEIXEIRA DE AGUIAR

O verbal e o não verbal

COLEÇÃO PARADIDÁTICOS
SÉRIE LINGUAGENS E REPRESENTAÇÕES

© 2004 Editora UNESP

Direitos de publicação reservados à:
Fundação Editora da UNESP (FEU)
Praça da Sé, 108
01001-900 – São Paulo – SP
Tel.: (0xx11) 3242-7171
Fax: (0xx11) 3242-7172
www.editoraunesp.com.br
www.livrariaunesp.com.br
feu@editora.unesp.br

Capa: Isabel Carballo

CIP – Brasil. Catalogação na fonte
Sindicato Nacional dos Editores de Livros, RJ

A233v

Aguiar, Vera Teixeira de
  O verbal e o não verbal / Vera Teixeira de Aguiar. - São Paulo :
UNESP, 2004
  112p. : il. -(Coleção Paradidáticos ; Série Poder)

  Contém glossário
  Inclui bibliografia
  ISBN 85-7139-560-8

  1. Comunicação. 2. Linguagem e línguas. 3. Comunicação oral. 4.
Comunicação não-verbal. I. Título. II. Série.

04-2373.   CDD 302.2
                                                      CDU 316.77

EDITORA AFILIADA:

A COLEÇÃO PARADIDÁTICOS UNESP

A Coleção Paradidáticos foi delineada pela Editora UNESP com o objetivo de tornar acessível a um amplo público obras sobre *ciência* e *cultura*, produzidas por destacados pesquisadores do meio acadêmico brasileiro.

Os autores da Coleção aceitaram o desafio de tratar de conceitos e questões de grande complexidade presentes no debate científico e cultural de nosso tempo, valendo-se de abordagens rigorosas dos temas focalizados e, ao mesmo tempo, sempre buscando uma linguagem objetiva e despretensiosa.

Na parte final de cada volume, o leitor tem à sua disposição um *Glossário*, um conjunto de *Sugestões de leitura* e algumas *Questões para reflexão e debate*.

O *Glossário* não ambiciona a exaustividade e nem pretende substituir o caminho pessoal que todo leitor arguto e criativo percorre, ao dirigir-se a dicionários, enciclopédias, sites da Internet e tantas outras fontes, no intuito de expandir os sentidos da leitura que se propõe. O tópico, na realidade, procura explicitar com maior detalhe aqueles conceitos, acepções e dados contextuais valorizados pelos próprios autores de cada obra.

As *Sugestões de leitura* apresentam-se como um complemento das notas bibliográficas disseminadas ao longo do texto, correspondendo a um convite, por parte dos autores, para que o leitor aprofunde cada vez mais seus conhecimentos sobre os temas tratados, segundo uma perspectiva seletiva do que há de mais relevante sobre um dado assunto.

As *Questões para reflexão e debate* pretendem provocar intelectualmente o leitor e auxiliá-lo no processo de avaliação da leitura realizada, na sistematização das informações absorvidas e na ampliação de seus horizontes. Isso, tanto para o contexto de leitura individual quanto para as situações de socialização da leitura, como aquelas realizadas no ambiente escolar.

A Coleção pretende, assim, criar condições propícias para a iniciação dos leitores em temas científicos e culturais significativos e para que tenham acesso irrestrito a conhecimentos socialmente relevantes e pertinentes, capazes de motivar as novas gerações para a pesquisa.

SUMÁRIO

CONHECENDO, NOS COMUNICAMOS MELHOR **9**

CAPÍTULO 1
Comunicar-se é preciso **11**

CAPÍTULO 2
Antes da palavra vem a imagem **24**

CAPÍTULO 3
A linguagem é múltipla **39**

CAPÍTULO 4
As funções da linguagem variam **55**

CAPÍTULO 5
Toda linguagem é ideológica **75**

CAPÍTULO 6
Com o computador, a linguagem entra na rede **91**

CONHECEMOS, ENTÃO PERGUNTAMOS **103**

GLOSSÁRIO **106**
SUGESTÕES DE LEITURA **108**
QUESTÕES PARA REFLEXÃO E DEBATE **109**

CONHECENDO,
NOS COMUNICAMOS MELHOR

Este livro abre uma série sobre linguagens e representações, atendo-se aos aspectos mais abrangentes que dizem respeito a todas as linguagens, verbais e não verbais. Seu objetivo consiste, pois, em traçar um panorama de questões pertinentes ao universo da comunicação. Partimos, como o título indica, do pressuposto de que, conhecendo os instrumentos que usamos, nos comunicamos melhor. Então, para manejarmos mais produtivamente as diferentes linguagens, é mister que saibamos de que meio físico se valem, como se organizam e como funcionam. De posse de tais conhecimentos, podemos usá-las com mais eficácia, o que nos garante a descoberta de um mundo novo, onde o cruzamento das mensagens que criamos e recebemos nos identifica como um grupo humano com aspirações comuns.

Para tanto, dividimos o livro em seis capítulos e optamos por dosar os tópicos téoricos com exemplos que pudessem tornar as informações mais claras e próximas das leituras que se nos apresentam no cotidiano. Cada capítulo discorre sobre um viés do assunto em foco, partindo da definição do que seja comunicação até a discussão sobre o papel das novas tecnologias na contemporaneidade. Entre esses dois extremos, estão os capítulos sobre a origem social e individual das linguagens imagéticas ou em palavras articuladas, a organização dos sistemas de signos e sua multiplicidade, a tipologia textual baseada nas funções da linguagem e as relações entre linguagem e ideologia.

Como afirmamos, conhecer a linguagem em suas modalidades leva-nos a um exercício enriquecedor do processo de comunicação. Devemos dar ênfase, no entanto, não apenas ao objetivo imediato e pragmático de pôr em ação uma competência adquirida, mas às vantagens mais permanentes que daí advêm. Conscientes do processo que vivemos, vamos conceber o mundo de forma mais ampla e profunda, transformando a experiência do dia a dia em sabedoria existencial para nosso enriquecimento pessoal e o daqueles que conosco convivem.

∎

1 Comunicar-se é preciso

Para falarmos das diferentes linguagens de que dispomos, verbais e não verbais, precisamos pensar que elas existem para que possamos nos comunicar. Por isso, antes de mais nada, vamos definir uma prática tão necessária como a comunicação, quais suas concepções mais frequentes, em que ela consiste e como vem acontecendo através dos tempos.

O dicionário[1] nos diz que a palavra *comunicação* deriva do latim *communicare*, cujo significado seria "tornar comum", "partilhar", "repartir", "associar", "trocar opiniões", "conferenciar". Portanto, historicamente, comunicação implica participação, interação entre dois ou mais elementos, troca de mensagens entre eles, um emitindo informações, outro recebendo e reagindo. Para que a comunicação exista, portanto, deve haver mais de um polo; sem o outro não há partilha de sentimentos e ideias ou de comandos e respostas.

---

[1] RABAÇA, Carlos Alberto; BARBOSA, Gustavo. *Dicionário de comunicação*. São Paulo: Ática, 1987.

O sentido original do termo está relacionado ao ambiente monástico do cristianismo antigo. Embora ali o clima fosse de contemplação e isolamento, havia monges que optavam pela vida em grupo, que incluía a prática do *comunicatio*, isto é, o ato de tomar em comum a refeição da noite. O importante para eles, naqueles momentos, não era o fato de comerem juntos apenas, mas romperem o isolamento em que ficavam a maior parte do tempo. Não se tratava de uma vivência em sociedade como um banquete homérico, mas a oportunidade de realizar algo em comum, sair de uma situação solitária para uma de convivência. Assim, nos conventos, comunicar queria dizer dividir experiências, relacionar consciências.

Se desdobrarmos a palavra *comunicação*, temos *comum* + *ação*, ou melhor, "ação em comum", o que vai nos permitir uma série de acepções no mundo moderno. Os estudos registram-nas assim:

- ato de comunicar, de criar relações com alguém, com alguma coisa ou entre coisas;
- transmissão de signos através de um código;
- processo de troca de pensamentos ou sentimentos através de uma linguagem verbal ou não verbal, diretamente ou por meios técnicos;
- ação de utilizar meios tecnológicos (computador, telefone, fax,...);
- informação que comunicamos (anúncio, aviso, notícia,...);
- espaços de circulação (estradas, ruas, rios...);
- ciência humana que pesquisa todos os casos antes referidos;
- atividade profissional voltada para a aplicação desses conhecimentos e técnicas, através de diversos veículos (impressos, audiovisuais, eletrônicos,...).

Todos os significados que encontramos para a palavra comunicação remetem à ideia de relação e, se o processo comunicativo exige sempre dois elementos que interagem entre si, a natureza deles vai dar origem a diferentes estudos do fenômeno. Isso quer dizer que podemos entendê-lo como uma relação entre seres humanos, entre animais, entre máquinas, ou envolvendo homens e animais, homens e máquinas, animais e máquinas. Cada caso vai merecer uma atenção especial, segundo sua especificidade. Por exemplo, vamos salientar os matizes do comportamento humano em situações comunicativas em que duas ou mais pessoas conversam, se correspondem por carta ou *e-mail*, em que um professor questiona seus alunos e eles respondem, em que um apresentador de televisão noticia os fatos do dia e o público o assiste, e assim por diante. Será diferente se observarmos o comportamento de animais, quando mantêm alguma forma de comunicação, ou a relação entre as máquinas, em que uma emite a mensagem e a outra reage, cumprindo uma tarefa ou dando um sinal. Outros dados têm que ser levados em conta, ainda, quando o homem age sobre a máquina, que interpreta as informações recebidas e responde segundo sua programação. A situação vai ter outras particularidades, porém, se o contato com a máquina for estabelecido por um animal, como, por exemplo, quando uma campainha toca e um cão late. Em todos os casos, é preciso analisar as características do comunicador e do intérprete, a situação de comunicação (próxima ou distante), os códigos utilizados, o contexto da ação, as mudanças de posição dos participantes.

Importa-nos, aqui, principalmente, sublinhar o sentido de comunicação como "estar em relação com", para o qual todas as situações se voltam. Em se tratando do ser humano, nosso foco de atenção, logo identificamos o processo social de interação. Isso acontece porque há troca de experiências significativas, um esforço para a convergência de perspectivas e reciprocidade de pontos de vista, implicando, desse modo, certo grau de ação conjugada ou cooperação. Para tanto, a sociedade adota um conjunto de signos e regras que, uma vez usados adequadamente, permite o intercâmbio entre seus membros.

Enquanto relação, a comunicação promove o convívio social entre duas ou mais pessoas, numa situação que pode ser face a face ou distante. Quando estão próximas, elas estabelecem um diálogo e os papéis de comunicador e receptor são constantemente trocados, o que é mais difícil de acontecer se estiverem afastadas. No primeiro caso, sempre que o homem emite uma mensagem, valendo-se da linguagem verbal ou não verbal, ele está prevendo um contato com alguém específico, em sua presença. A comunicação a distância pode ser de dois tipos: ou o emissor possui um interlocutor definido, com o qual mantém uma troca de mensagens por telefone, e-mail, carta, de modo bastante dinâmico, principalmente nos dois primeiros exemplos; ou seu receptor não é marcado, diluindo-se no tempo e no espaço como um público possível cujo retorno o autor muitas vezes não chega a conhecer ou percebe vagamente, sem um diálogo direto. O processo comunicativo estrutura-se, pois, de modo imediato ou mediato. Vejamos algumas situações, começando por esta crônica de Luis Fernando Verissimo:[2]

> Pai e filha, 1951, 52, por aí.
> PAI – Minha filha, você vai usar... isso?
> FILHA – Vou, pai.

---
2 VERISSIMO, Luis Fernando. *Zoeira*. Porto Alegre: L&PM, 1987. p. 67.

PAI – Mas aparece o umbigo!
FILHA – Que que tem?
PAI – Você vai andar por aí com o umbigo de fora?
FILHA – Por aí, não. Só na praia. Todo mundo está usando duas peças, pai.
PAI – Minha filha... Pelo seu pai. Pelo nome da família. Pelo seu bom nome. Use maiô de uma peça só.
FILHA – Não quero!
PAI – Então este ano não tem praia!
FILHA – Mas, pai!
Pai e filha, 1986.
FILHA – Pai, vou usar maiô de uma peça.
PAI – Muito bem, minha filha. Gostei da sua independência. Por que ser como todas as outras? Uma peça. Ótimo. Você até vai chamar mais atenção.
FILHA – Só não decidi ainda qual das duas.

Há, nessa crônica, dois momentos comunicativos de natureza diferente. O primeiro, intratextual, diz respeito aos diálogos criados pelo autor entre pai e filha, travados frente a frente, em tempos diversos e reveladores do choque de opiniões entre as gerações. No primeiro, lá na década de 1950, o pai parece levar vantagem e impor suas normas à filha. Já em 1986, a fala da jovem contém um não dito, que escapa ao pai e o induz a uma interpretação errônea, corrigida pela filha no final. O que o cronista representa, pois, é um caso de comunicação imediata, em que falante e ouvinte trocam rapidamente de lugar, segundo os estímulos que recebem, isto é, no começo o pai fala e a filha ouve, para, logo em seguida, ele ouvir e ela falar, e assim por diante.

Outro é o processo comunicativo que, através da crônica, o autor estabelece com seu leitor. O texto é a mensagem escrita por Verissimo, tendo em vista quem o lê. Comunicador e interlocutor, por conseguinte, ultrapassam o texto e inserem-se numa dimensão social mais ampla. Ao contrário de pai e filha, não estão próximos, nem no espaço (não é preciso conviver pessoalmente com o escritor), nem no tempo (o texto continua sendo lido, mesmo que os anos passem). Ao propor esse modo de interação, o cronista visa provocar o riso do provável leitor, sobretudo com a fala final, que traz às claras o que estava velado na posição da filha e que não era percebido (nem imaginado e aceito) pelo pai. Com o inesperado e o inusitado do fato, o autor cria um efeito cômico para quem o lê. Mas a comunicação é apenas mediata, possível de acontecer, e o emissor não pode controlar a reação do interlocutor, pois ela não acontece instantaneamente. O mesmo vai suceder quando nos colocarmos diante de um quadro, como o de Pablo Picasso, ao lado.

Através de formas e cores, o artista retrata, em primeiro plano, um expressivo rosto de mulher, fugindo à representação realista. O sentimento de dor fica patente na figura fragmentada e multifacetada, nos traços fortes e sobrepostos, na predominância de linhas retas e contornos bem marcados. Seguramente, Picasso deixa registrada uma mensagem de impacto para seu público, mas cada observador vai identificar um sentimento especial, talvez não previsto pelo pintor; toda vez que o quadro for admirado, vai suscitar emoções novas e o ato de comunicação será renovado.

Isso acontece porque a intenção comunicativa de todo artista não é determinada por um sentido único; diz respeito a uma significação geral, possível de ser compreendida de modos variados pelos homens de todos os

O VERBAL E O NÃO VERBAL

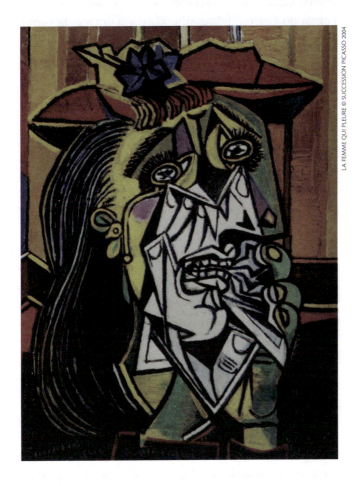

tempos e lugares. O que está em jogo não é um depoimento particular sobre um fato privado que só a ele interessa, mas a provocação de um profundo sentimento humano, capaz de ser reconhecido e vivido por todos. Fernando Pessoa[3] fala assim sobre a natureza da comunicação artística:

> O poeta é um fingidor.
> Finge tão completamente
> Que chega a fingir que é dor
> A dor que deveras sente.
>
> E os que leem o que escreve,
> Na dor lida sentem bem,
> Não as duas que ele teve,
> Mas só a que eles não têm.

Fingir significa simular uma situação, providenciando as estratégias necessárias para torná-la convincente, de modo a criar um efeito de verdade. Em outros termos, quando o poeta "finge", ele mostra esse fingimento através dos aspectos formais, burilando o texto até obter um nível satisfatório de coerência interna, criando uma rede de elementos que convergem todos para o mesmo ponto – a emoção a ser percebida pelo leitor. Como a construção do poema fica às claras, o sentimento íntimo do autor generaliza-se, podendo atingir todos os homens. O que interessa, então, não é, por exemplo, o amor contrariado que ele viveu, mas a vivência do amor em uma de suas facetas que, recuperada pelo receptor, alarga suas experiências existenciais.

---

[3] PESSOA, Fernando. Autopsicografia. In: ____. *Poesia*. Rio de Janeiro: Agir, 1959. p.40.

Quando lemos, o que há de concreto diante de nós é o texto escrito, a mensagem do poeta. Ao nos adentrarmos em suas palavras, nos apossamos do sentimento que elas contêm e o que era invisível e comum na vida cotidiana assume nova dimensão e nos provoca, isto é, passamos a ver o mundo com outros olhos e a compreendê-lo mais atentamente. Por essas razões, Cecília Meireles[4] pode se referir assim a sua motivação para escrever o poema:

> Eu canto porque o instante existe
> e a minha vida está completa.
> Não sou alegre nem sou triste:
> sou poeta.

As causas que a levam a criar poesia não têm a ver com o extravasamento de uma emoção que a atinge momentaneamente; não escreve para liberar os afetos que a afligem. Ao contrário, o poema nasce no momento em que a artista capta o inefável e o transforma em imagens passíveis de serem sentidas pelo leitor. Se Cecília Meireles expressasse apenas os sentimentos pessoais, estaríamos diante de um texto confessional, que talvez só a ela mesma interessasse. Ao ultrapassar o dado histórico individual e projetar no poema um significado abrangente da vida, atinge o universal. E, nesse momento, as possibilidades de comunicação se ampliam.

Situações como as aqui descritas dizem respeito às obras literárias e artísticas em geral. No entanto, existem outros casos em que os sujeitos envolvidos no processo comunicativo não estão próximos, a interação não é imediata, e mesmo assim o emissor controla as reações do interlocutor. Tal

---
4 MEIRELES, Cecília. Motivo. In: _____. Antologia poética. Rio de Janeiro: Nova Fronteira, 2001. p. 9.

é possível quando a mensagem propõe um significado muito determinado, a ser apreendido pelo recebedor, como nos exemplos que seguem:

> A crise recente do capitalismo começou por volta de 1974-75, logo depois que a Organização dos Países Exportadores de Petróleo (OPEP), cartel de produtores dominado pelos países árabes, decretou violentos aumentos no preço do produto. As multinacionais que dominam a comercialização do petróleo descarregaram estes aumentos sobre os compradores, do que decorreu uma recessão econômica generalizada que atingiu o Brasil de forma ampla. Revelou-se, então, que enquanto os países que importavam nossos produtos podiam viver sem eles, nós não poderíamos fazer o mesmo: o petróleo era vital.[5]

Lopez narra a história do Brasil contemporâneo à luz das transformações econômicas e sociais do mundo atual, estabelecendo relações entre os acontecimentos locais e os interesses internacionais, de modo a levar o leitor a convencer-se da viabilidade de suas opiniões e da veracidade dos fatos descritos.

É claro que o emissor da mensagem toma posição quanto ao fato narrado, interpretando-o segundo suas convicções. Por isso, o leitor pode concordar ou não com as ideias expostas, mas deve levar em conta a argumentação do autor, ficando com uma margem pequena de liberdade em seu ato de recepção.

Menos alternativas de interpretação tem, ainda, o receptor de um sinal de trânsito como o da página ao lado. Nesse caso, o emissor da mensagem é institucional, o Conselho Nacional de Trânsito, e os destinatários são os

---

[5] LOPEZ, Luiz Roberto. *História do Brasil contemporâneo*. Porto Alegre: Mercado Aberto, 1991. p.127.

O VERBAL E O NÃO VERBAL

motoristas em geral, mas a mensagem não permite mais de uma interpretação: é proibido estacionar. Embora a comunicação não ocorra face a face e os dois polos envolvidos sejam, de certo modo, indefinidos, aqui, como na formulação de todas as leis e normas que regem a vida social, está prevista uma única recepção. Sob esse aspecto, é uma modalidade de comunicação diametralmente oposta à artística, a qual se abre para inúmeras interpretações.

Aprendemos que o processo comunicativo se efetua entre seres de naturezas várias (homens, animais, máquinas) e que pode acontecer em presença ou a distância, sendo pouco ou muito controlado pelo emissor. Podemos avançar, afirmando a especificidade da comunicação humana em relação às demais.

A diferença entre a manifestação de homens e máquinas está na capacidade de criar mensagens. Enquanto as pessoas formulam códigos e mensagens, decodificam-nos e respondem criativamente, as máquinas são planejadas. Elas só funcionam como emissoras e receptoras segundo as ordens que os técnicos preveem para elas. Nada é culpa do "sistema" (como muitas vezes nos dizem os burocratas), porém das pessoas que programaram o sistema.

Em relação aos animais, podemos observar que eles se comunicam para expressar necessidades básicas, repetindo o mesmo comportamento toda vez que se apresentar uma situação semelhante. Diferentemente do que acontece entre os homens, não há acúmulo de experiências e transmissão das mesmas para as novas gerações, até porque eles não deixam registro de seus esforços através dos tempos, o que faz com que todos repitam, instintivamente, os gestos e o modo de viver de seus antepassados, segundo sua herança genética.

O ser humano ultrapassa tais modelos de comunicação, pelas capacidades criativa e cumulativa. Para viver em sociedade, cria um arsenal de códigos, que se entrecruzam e atendem às suas necessidades de sobrevivência, de satisfação afetiva e intelectual, de intercâmbio com os outros homens. À medida que troca mensagens, altera os códigos e adapta-os à nova realidade, transformando o ambiente ao seu redor.

Como registra a experiência vivida, o homem acumula informações de toda natureza e lega aos descendentes suas descobertas. Uma nova geração, por seu turno, vai adiante, alargando o patrimônio conquistado. Isso significa que a comunicação humana não se dá apenas de forma horizontal, entre os pares próximos ou distantes de um mesmo momento histórico, mas acontece verticalmente, entre o sujeito e o passado, com o qual ele entra em contato através dos registros deixados por homens de outros tempos, sendo-lhe possível, por essas vias, projetar o futuro.

A unidade gerada pelo processo de transmissão de conhecimentos e valores garante a existência da sociedade e sua vitalidade, pois ela existe pelas relações de comunicação e *é* comunicação. Cada indivíduo usufrui da vida em comum, dentro de seu grupo, e modifica ele mesmo o modo de ser da comunidade, funcionando como agente do processo de comunicação cultural. Paralelamente, enquanto participa da organização social, constrói a própria subjetividade, pois é no contato com o outro que passa a reconhecer sua identidade. Porque encontra pessoas com ideias, sentimentos e características que lhe são estranhas, consegue avaliar seu modo de ser e definir seu lugar e sua missão no mundo. Por isso, podemos afirmar que é pela comunicação que ele se descobre humano.

■

2 Antes da palavra vem a imagem

Se precisamos estar em constante contato com os outros, é evidente que a comunicação é essencial para a vida humana e a organização social. Também é óbvio que, desde o começo de nossa existência, participamos do complexo processo de adquirir regras de comunicação e pô-las em prática. Na maioria das vezes, não discutimos os códigos e os modos de usá-los; simplesmente nos comunicamos através deles. Como afirmamos, isso acontece porque somos eminentemente sociais, incapazes de viver isolados.

Aliás, mesmo solitários, estabelecemos um modo de comunicação[6] a que a psicologia se refere como *intrapessoal*, quando nos questionamos internamente, a partir de nossos sentimentos, nossas dúvidas, nossas motivações interiores. Paralelamente, estamos em constante comunicação *interpessoal*, aquela que se dá entre duas pessoas, ou *grupal*, que acontece entre uma pessoa e um grupo, ou vi-

---

[6] HOHLFELDT, Antonio; MARTINO, Luiz C.; FRANÇA, Vera Veiga. (Orgs.) *Teorias da comunicação*. Petrópolis: Vozes, 2001.

ce-versa, além de recebermos os apelos da *comunicação de massa*, que se concretiza através dos meios tecnológicos, como o rádio, o jornal, a televisão, entre outros, acionados por jornalistas e publicitários, que geram e difundem informações e anúncios.

Como fenômeno social, a comunicação dá-se por intermédio de algum tipo de linguagem que, como vimos, se altera de acordo com o uso que as pessoas fazem dela. Verbais ou não verbais, criamos sinais que têm significado especial para o grupo humano do qual fazemos parte. A variedade de línguas faladas no mundo é um exemplo bem evidente do fenômeno, mas existem outros. O significado que atribuímos às cores é um deles: se para nós, ocidentais, o vermelho pode significar poder (e o manto do papa é dessa cor), para algumas culturas africanas, ele está ligado ao luto, pois evoca luta, sangue, morte.

As comunidades humanas, espalhadas no tempo e no espaço, têm estruturas de pensamento subjacentes próprias, moldadas segundo suas experiências históricas e expressas por meio de linguagens que lhes são significativas. Como são múltiplas as condições de vida dos núcleos sociais, os códigos inventados para a expressão e a comunicação de suas necessidades são os mais variados. Contudo, podemos dividi-los, em princípio, em dois grandes grupos: o verbal e o não verbal. O primeiro organiza-se com base na linguagem articulada, que forma a língua, e o segundo vale-se de imagens sensoriais várias, como as visuais, auditivas, cinestésicas, olfativas e gustativas.

Todas as línguas são formadas por um conjunto de signos criados arbitrariamente, em sua grande maioria, e combinados segundo um conjunto de regras aceitas como corretas pelos falantes. Por exemplo, o mesmo objeto chama-se *lápis*, em português, e *pencil*, em inglês. O conjunto de sons que forma cada uma das palavras não tem nenhuma relação direta com ele, tanto é que os nomes são diferentes e querem dizer a mesma coisa; portanto, a escolha é arbitrária, convencional. Há alguns casos, no entanto, em que os sons estão intimamente ligados ao sentido, como nas onomatopeias: quando sentimos dor, gritamos *ai* e não *oba* ou *olá*; quando dizemos que a galinha cacareja e o pinto pia, estamos tentando imitar a fala dos animais. Nesses casos, não escolhemos qualquer combinação de sons, mas aquelas que expressam espontaneamente os sentidos que queremos comunicar.

Para formar frases e longos períodos que exponham nossas ideias ou sentimentos, organizamos as palavras segundo as regras da língua, de modo a que possamos ser compreendidos. O código daí resultante é, pois, de natureza social, indispensável para que os sujeitos de um mesmo grupo se entendam. Uma das normas diz respeito, por exemplo, à disposição dos termos na frase; as variações que podemos usar são limitadas: dizemos "O jovem alimentou o cão", ou "Alimentou o cão o jovem", mas não "O cão alimentou o jovem" ou "Jovem o alimentou cão o", e assim por diante.

Em relação ao vocabulário, Ruth Rocha[7] conta a história de um menino que inventa palavras novas e não consegue se comunicar, até que um dia se depara com uma situação difícil:

> Marcelo entrou em casa correndo:
> - Papai, papai, embrasou a moradeira do Latildo!
> - O quê, menino? Não estou entendendo nada!

---

[7] ROCHA, Ruth. *Marcelo, marmelo, martelo e outras histórias*. São Paulo: Círculo do Livro, 1976. p. 20-1.

- A moradeira, papai, embrasou...
- Eu não sei o que é isso, Marcelo. Fala direito!
- Embrasou tudo, papai, está uma branqueira danada!
Seu João percebia a aflição do filho, mas não entendia nada...
Quando Seu João chegou a entender do que Marcelo estava falando, já era tarde.
A casinha estava toda queimada. Era um montão de brasas.
O Godofredo gania baixinho...
E Marcelo, desapontadíssimo, disse para o pai:
- Gente grande não entende nada, mesmo!

As grandes mudanças operadas por Marcelo restringem-se ao léxico, criando ele termos até então inexistentes, logo, desconhecidos por seu interlocutor. Quanto à sintaxe, aos modos de relação das palavras na frase, Marcelo obedece às regras da língua portuguesa. Quer dizer, ele troca nomes e verbos, mas os coloca nas funções usuais.

O conto permite-nos observar que a língua é um instrumento coletivo, um patrimônio social, e que para usá-la precisamos dominar um número satisfatório de vocábulos básicos, assim como seus mecanismos de operação, de modo a bem convivermos em comunidade. Para essa aprendizagem, fazemos o uso de nossa competência, que é, principalmente, de ordem racional. Por outro lado, a linguagem verbal pode influenciar os estados de ânimo, as emoções e, por conseguinte, todos os comportamentos humanos. Por exemplo, quando recebemos um elogio ou dizemos algo que é valorizado por nossos ouvintes, ficamos contentes e, inversamente, quando somos criticados ou discutimos com alguém, nos aborrecemos. Essas situações nos mostram que a área intelectual e a afetiva estão em contato.

Levando em conta tais aspectos, percebemos que, na verdade, estamos diante de duas linguagens.[8] Uma é objetiva, definidora, cerebral, lógica e analítica, voltada para a razão, a ciência, a interpretação e a explicação. A outra é muito mais difícil de definir, porque é a linguagem das imagens, das metáforas e dos símbolos, expressa sempre em totalidades que não se decompõem analiticamente. No primeiro caso, estão as palavras escritas ou faladas; no segundo, os gestos, a música, as cores, as formas, que se dão de modo global.

Considerando essas duas modalidades de linguagem, podemos fazer uma distinção entre o pensamento dirigido, que segue as leis da lógica da linguagem verbal, quer dizer, de sua gramática, e o não dirigido, que, ao contrário, se funda nos sonhos, nas fantasias e nas vivências do mundo interior.

Em se tratando de comunicação, também podemos fazer uma divisão bem aproximada, ao nos referirmos à digital e à analógica. Para expressar um sentido, podemos usar uma linguagem arbitrária como as palavras deste livro, e temos uma exposição digital. No entanto, há possibilidade de empregarmos signos que têm uma relação direta com o significado, de analogia ou semelhança, como os mapas, os sinais de trânsito, as onomatopeias.

O fato de existirem linguagens de duas naturezas distintas leva-nos a pensar que a cada uma delas corresponde uma concepção de mundo diferente, porque sabemos que uma linguagem, mais do que refletir a realidade, cria uma realidade. Isso quer dizer que o real existe porque nós o construímos, e o mesmo fato pode ter sentidos di-

---

[8] WATZLAWICK, Paul; BEAVIN, Janet Helmick; JACKSON, Don D. *Teoría de la comunicación humana*: interacciones, patologías y paradojas. Buenos Aires: Tiempo Contemporâneo, 1971.

versos para pessoas diferentes. Para os organizadores, um baile de carnaval representa muito trabalho e esforço racional, cálculo de gastos e lucros, previsão de detalhes, controle da situação pela análise de cada acontecimento. Para os foliões, o baile é a festa, a descontração, a alegria, a liberação das emoções. Certamente, as concepções de mundo dos dois grupos se opõem.

As oposições só não são maiores porque usamos constantemente essas duas linguagens, a digital e a analógica, e elas acabam se completando. Cada uma tem origem em um hemisfério cerebral.[9] A ciência nos diz que o cérebro humano é composto de dois hemisférios, duas metades que têm funções distintas, como se fossem dois cérebros. O esquerdo é dominante no controle da fala e da linguagem verbal e nas capacidades lógico-analíticas; o direito vê a imagem e é capaz de mobilizar uma resposta não verbal, mas não pode falar sobre o que vê, sobressaindo-se em tarefas visuais e motoras. Entre os dois há um corpo caloso formado de neurônios que conectam as duas partes entre si. Por isso, as capacidades dos dois hemisférios se complementam. Como seu desenvolvimento depende, em grande parte, dos estímulos externos que recebem, quanto mais experiências vivemos, melhor usamos ambos os lados de nosso cérebro.

Podemos observar tal fato com pessoas que, em razão de doenças ou acidentes, sofreram danos cerebrais. À medida que elas são submetidas a exercícios que estimulam o funcionamento das capacidades (falar, movimentar-se, memorizar etc.), vão reagindo e dando respostas positivas. Isso porque, se as células não se recuperam, outras en-

---

9 EDWARDS, Betty. *Desenhando com o lado direito do cérebro*. Rio de Janeiro: Ediouro, 2003.

tram em ação e passam a executar as funções prejudicadas. No Brasil, Herbet Vianna é um exemplo magnífico de esforço bem recompensado nesse sentido. Depois de um sério acidente, o artista ficou com sequelas graves que, pouco a pouco, foram sendo atenuadas, graças a um trabalho planejado de estimulação constante. Com o tempo, ele passou a dar conta de quase todas as funções que exercia antes do acidente, até compondo, dando entrevistas e participando das apresentações de seu conjunto musical.

Nas pessoas destras (que usam de preferência a mão direita) o predomínio é do hemisfério esquerdo, especializado nas representações lógicas, semânticas, fonéticas que permitem a comunicação com a realidade em bases lógico-analíticas do mundo. Entre suas funções, está tudo o que se refere à linguagem, à gramática e seus usos. Disso decorre que a leitura, a escrita e os cálculos em geral pertencem a esse tipo de comunicação, o digital. Por outro lado, as funções do hemisfério cerebral direito dizem respeito à apreensão global da realidade, muitas vezes baseando-se em uma de suas partes. Nós o acionamos quando conseguimos reconhecer uma música ouvindo apenas alguns acordes, quando identificamos uma pessoa pela voz, quando percebemos o lugar em que estamos por um detalhe. Muitas vezes, o perfume de uma flor evoca uma situação vivida no passado em sua totalidade. Outro exemplo de emprego da parte pelo todo está na caricatura que, em poucos traços, nos revela quem está sendo representado.

Por aprender a realidade de modo global, o hemisfério direito é o responsável por nossa capacidade de generalização e de formação de conceitos abstratos. Ao nos referirmos à ideia de "cadeira" ou "triângulo", não estamos pensando em uma cadeira específica ou um triângulo em particular, mas nas características gerais que fazem com que um determinado objeto possa ser classificado como tal. Em outras palavras, há traços comuns a todas as cadeiras (assento, encosto, pernas) e a todos os triângulos (três lados, três ângulos) que fazem com que possamos identificá-los. Essas generalizações são operações do hemisfério cerebral direito.

Outro aspecto importante é o de que esse hemisfério detém os processos primários, atemporais, de associações livres, expressos em uma linguagem arcaica, em que a gramática lógica está ausente, como, por exemplo, acontece nos sonhos.[10] Por isso, ele supera o esquerdo na capacidade de conceber o espaço e as imagens que o habitam. Por intermédio do hemisfério direito, "pensamos" não em conceitos, mas em imagens, figuras, mitos, paisagens, cores, fenômenos da natureza. Estamos diante da linguagem não verbal, muito anterior, na história da humanidade e de cada homem em particular, à linguagem verbal.

A criança pequena, antes da aquisição da palavra, mantém contato com o mundo e registra suas experiências por intermédio da imagem. Quando começa a falar, vai se apropriando do código verbal usado em sua comunidade e, aos poucos, passa a utilizar a palavra para interagir com o mundo que a rodeia. Como a tomada de consciência da memória acaba por se manifestar por meio da verbalização, só lembramos do que nos aconteceu a partir dos dois ou três anos, quando aprendemos a falar. Nossa vida anterior está codificada em imagens que, provavelmente, nos aparecem em sonhos, em sentimentos não explicados e indefinidos, como medos, sensações de já conhecer alguém ou algum lugar, e assim por diante.

---

10 WATZLAWICK, Paul. *El lenguaje del cambio*. Barcelona: Herder, 1980.

Como já foi dito, o hemisfério direito dá conta da criação de imagens que nos conectam com o mundo e são, antes de mais nada, produções espaciais, criadoras de um sentido de totalidade, mesmo quando nos mostram apenas alguns detalhes. Vejamos o quadro ao lado.

Andrew Wyeth, ao pintar uma menina de costas que olhava para uma casa no alto de uma colina, vale-se de poucos elementos para expressar um sentimento global. Ele reforça uma sensação de melancolia e solidão com o vasto espaço entre a figura da jovem e as casas ao longe para as quais ela está voltada. Como espectadores, somos levados a viver a emoção que o quadro desperta, não porque tudo nos seja explicado minuciosamente, mas porque a imagem é a síntese de um sentimento abrangente.

Assim como as imagens não verbais, a linguagem verbal mais primitiva e arcaica produz condensações de sentido que são criadoras de totalidade e, como tal, aproveitadas pela literatura. Isso acontece porque toda arte provoca uma generalização, apontando para uma realidade possível que está além das contingências do aqui e do agora.

As mesclas de palavras e expressões, diferentemente da linguagem racional, são formas artísticas que se desviam da linguagem cotidiana. Um exemplo é o chiste,[11] que passa por cima da lógica de uma determinada concepção de mundo e pode se converter em fator de mudança. Aparece como uma frase, um conto breve ou uma historieta que contém duplo sentido, alguma alusão burlesca, algum disparate, e que provoca o riso.

Outra modalidade de linguagem verbal que se apoia nas potencialidades do hemisfério cerebral direito é a

---

[11] TAUSTE, Ana Maria Vigara. *Sobre el chiste, texto ludico*. Referência obtida em http://www.ucm.es/info/especulo/numero10/chiste.html. (16/04/2004).

O VERBAL E O NÃO VERBAL

linguagem figurada, amplamente utilizada pela literatura fantástica, que evoca seres e situações mágicas para descrever de forma convincente complexas vivências humanas, sem precisar explicá-las. Por exemplo, quando Moacyr Scliar[12] narra, no conto *Caninal* do livro *O carnaval dos animais*, a história de duas vítimas de um acidente aéreo – mostrando a primeira sobrevivendo com os alimentos que possuía e a segunda se comendo até transformar-se em um monte de ossos –, está pintando um quadro arrasador da insensibilidade humana.

A linguagem figurada também está presente na poesia, condensada de modo muito mais intenso, no ritmo das palavras e dos versos, na força das rimas e das combinações sonoras em geral. O poeta aspira, por meio das imagens que compõem seu texto, uma significação geral não explicitada racionalmente, mas que se dá na completude do poema de Manoel de Barros:[13]

...poesias, a poesia é

– é como a boca
dos ventos
na harpa

nuvem
a comer na árvore
vazia que
desfolha noite

---

12 SCLIAR, Moacyr. *O carnaval dos animais*. Porto Alegre: Movimento, 1976.
13 BARROS, Manoel de. *Compêndio para uso dos pássaros*. Rio de Janeiro: Record, 1999. p. 35-6.

raiz entrando
em orvalhos...

os silêncios sem poro

floresta que oculta
quem aparece
como quem fala
desaparece na boca

cigarra que estoura o
crepúsculo
que a contém

o beijo dos rios
aberto nos campos
espalmando em álacres
os pássaros

e é livre
com um rumo
nem desconfiado...

O poeta não disserta sobre a poesia, mas tece uma rede de imagens que vão compondo uma mensagem feita de condensações de sentido, aproximando palavras que, dentro de uma semântica lógica, não teriam nenhuma relação. Por esses caminhos, passa-nos a ideia de que a poesia está nas coisas mais essenciais, na liberdade possível, na capacidade de olhar o inusitado.

Há um outro tipo de comunicação humana que também trabalha com as potencialidades do hemisfério direito: a propaganda. Na linguagem publicitária temos rimas, aliterações, jogos de sons, ambiguidades e toda sorte de condensações de significado. Textos verbais e não verbais transmitem mensagens de duplo sentido que nos induzem a acreditar que, se usarmos determinado produto, vamos vencer na vida e ser felizes. Os dois sentidos (usar um creme dental e encontrar a pessoa amada, por exemplo) não têm nada em comum, porém a forma aclopada em que aparecem nos induz a essa interpretação.

Outra característica peculiar da linguagem figurada é o fato de ser sempre positiva, isto é, nela não há lugar para expressões como *não, nunca, nada, ninguém, nenhum lugar*, que representam oposição e são, por esse motivo, próprias da linguagem digital. Pelo fato de ser analógica, remetendo sempre à imagem, a linguagem figurada não pode ser construída com negativas: podemos imaginar um homem plantando uma árvore, nunca um homem *não* plantando uma árvore. É muito difícil, senão impossível, conceber uma cena negativa usando recursos plásticos.

O aforismo também é uma modalidade de condensação de linguagem e, portanto, uma construção que se aproveita das habilidades do hemisfério direito do cérebro. Cria uma conexão desconcertante ou paradoxal entre dois conceitos ou duas linhas de pensamento que, por isso mesmo, chama a atenção. Não é raro que o aforismo, ao iluminar instantaneamente uma ampla situação humana, explicite uma concepção de mundo. Quando dizemos, por exemplo, que "mais vale um pássaro na mão que dois voando", estamos apostando na segurança e na garantia de uma vida segura. Ao aproximarmos duas imagens que se opõem (um pássaro na mão versus dois pássaros voando), estabelecemos uma comparação entre as duas e fazemos nossa escolha, motivada pelos valores que aceitamos.

Ainda no rol das formas expressivas condensadas, temos as ambiguidades, os jogos de palavras e as insinuações, todas as três carregadas de um sentido subentendido que o receptor deve perceber levando em conta o contexto em que estão inseridas. Uma mesma frase ("Ela é uma boa menina") pode ser usada no sentido literal, eticamente positivo, e pode também significar seu oposto, quando estiver induzindo uma ação negativa.

Resumindo, há determinadas formas linguísticas que estão mais diretamente vinculadas ao hemisfério direito, apresentando-se como construções globalizantes de sentido, imagéticas e voltadas para a área emocional do cérebro, ao invés da área lógico-racional. É nesse espaço que se encontra a literatura, sugerindo situações válidas para todos os homens por meio da palavra feita imagem. Para falar do ato da criação, Marina Colasanti[14] escreve o conto *Além do bastidor*. Ele começa assim:

> Começou com linha verde. Não sabia o que bordar, mas tinha certeza do verde, verde brilhante.
> Capim. Foi isso que apareceu depois dos primeiros pontos. Um capim alto, com as pontas dobradas como se olhasse para alguma coisa.
> Olha para as flores, pensou ela, e escolheu uma meada vermelha.
> Assim, aos poucos, sem risco, um jardim foi aparecendo no bastidor. Obedecia às suas mãos, obedecia ao seu próprio jeito, e surgia como se no orvalho da noite se fizesse brotação.
> Toda manhã a menina corria para o bastidor, olhava, sorria, e acrescentava mais um pássaro, uma abelha, um grilo escondido atrás de uma haste.

Em linguagem imagética, fazendo do bordado uma metáfora, a autora descreve, passo a passo, a tarefa do artista,

---

14 COLASANTI, Marina. *Uma idéia toda azul*. Rio de Janeiro: Nórdica, 1979.

desde a intuição inicial, ainda indefinida, até a alegria de dar vida ao objeto criado. Sem explanações racionais, Marina Colasanti nos transmite a sensação da moça ao bordar, isto é, ao criar, permitindo que acompanhemos seu processo. Aliás, como percebe a arte em sua totalidade, a escritora[15] vê nossa atividade de receptores deste modo:

> Foi assim, de pé ao lado da garça, acariciando-lhe o pescoço, que a irmã mais velha a viu ao debruçar-se sobre o bastidor. Era só o que não estava bordado. E o risco era tão bonito, que a irmã pegou a agulha, a cesta de linhas, e começou a bordar.
> Bordou os cabelos, e o vento não mexeu mais neles. Bordou as mãos para sempre paradas no pescoço da garça. Quis bordar os pés mas estavam escondidos pela grama. Quis bordar o rosto mas estava escondido pela sombra. Então bordou a fita dos cabelos, arrematou o ponto, e com muito cuidado cortou a linha.

Com esse final, Marina nos diz que, ao concluir sua obra, o autor ainda deixa espaços vazios, porque, por ser imagética, a arte justapõe elementos, salta nexos lógicos e deixa espaços em branco a serem preenchidos pelo receptor. E essa é a tarefa da irmã mais velha, que vai completando o que falta e fixando um sentido para si. Mas há pontos que lhe escapam, que continuam inconclusos, isto é, a arte é aberta, não se fecha em uma única interpretação, está sempre pronta para uma nova leitura. As imagens de que se compõe, como vimos, vêm do mais recôndito passado pessoal e social, como formações arcaicas do hemisfério cerebral direito, e projetam-se para o futuro, pois provocam sentidos sempre renovados.

---

15 Idem, ibid.

3 A linguagem é múltipla

Já sabemos que a linguagem nasce da necessidade humana de comunicação. Desde os tempos mais primitivos, o homem vive em grupo e precisa interagir com seus semelhantes para garantir a subsistência e a permanência da espécie. Decorre daí o fato de a linguagem ser eminentemente social e poder ser considerada eficiente quando permite que emissor e receptor troquem mensagens entre si, mesmo que eles estejam muito afastados histórica e geograficamente. Para que isso aconteça, a sociedade vai providenciando modos de comunicação que deem conta de todas as situações vivenciadas por seus membros, o que resulta numa multiplicidade de linguagens, verbais e não verbais.

Dando forma, por meio da palavra, ao pensamento lógico-analítico, centrado no hemisfério cerebral esquerdo, ou às imagens mais profundas, geradas no lado direito do cérebro, as linguagens comunicam-se entre si. Há entre elas uma relação de complementariedade, uma predominando sobre a outra, e não de exclusão e imposição absoluta de uma. Isso se dá porque não vivemos só a razão ou a emoção, como compartimentos estanques. Na literatura, as linguagens digital e analógica fundem-se, uma vez que as palavras criam imagens que remetem a situações humanas globalizantes, passíveis de ser experimentadas por todos nós.

Como vimos, as linguagens organizam-se em sistemas, aceitos e conhecidos pela comunidade que se utiliza deles. Por sua vez, ao utilizá-los, os sujeitos adaptam-nos a seus interesses e necessidades e acabam por alterá-los, num processo comunicativo dinâmico. Esses sistemas[16] são formados por elementos chamados *signos*, os quais foram estudados por Ferdinand de Saussure, professor suíço que inaugurou as pesquisas linguísticas modernas. O termo signo tem uma história muito rica, que vai da Antiguidade à cibernética, sendo, por isso mesmo, de difícil definição. Saussure optou por entender o signo como a união de um significante e um significado, terminologia aproveitada dos gregos, que já entendiam o signo como a relação entre o significante (*sêmainon*) e o significado (*semainômenon*). Na linguagem verbal, o significante é a imagem acústica (os sons que formam a palavra cadeira, por exemplo) e o significado é o conceito (como concebemos a cadeira).

As linguagens não verbais como a música, a pintura, o cinema, a moda, a cozinha e tantas outras também se valem dos signos, que se compõem dos significantes (movimento, som, cor, forma, etc.) e dos significados (os conceitos que são expressos). Em um semáforo, as cores vermelho, amarelo e verde são significantes que remetem aos significados de "parar", "esperar", "seguir", segun-

---

[16] BARTHES, Roland. *Elementos da semiologia*. São Paulo: Cultrix, 1971.

do o código rodoviário. Muitas vezes, objetos de uso que têm uma significação por si só servem de significantes para novas significações. Por exemplo, um uniforme militar tem um significante e um significado enquanto peça de vestuário, mas, em um segundo momento, estes passam a ser um novo significante para outro significado, aquele que diz respeito à profissão e ao poder dentro da hierarquia do exército. Os signos assim concebidos têm uma origem utilitária porque são criados pela sociedade, que os transforma em objetos carregados de sentido.

No entanto, precisamos ter em mente que o significado não é uma "coisa", mas uma representação psíquica da coisa. Quando nos referimos a uniforme, não estamos pensando no objeto material em si, mas na imagem mental que temos dele, no conceito que formamos. É preciso ter cuidado, portanto, porque o significado não é o real nem a fantasia (como uma representação psíquica), mas aquele "algo" que, quando empregamos o signo, entendemos por ele.

O significante, por seu turno, é sempre material (sons, objetos, imagens) e está ligado a um significado. Aliás, falamos em significante e significado separadamente apenas para fins de estudo, porque, na prática, não há significante sem significado e nem significado sem significante. Ambos estão imbricados no processo de significação, pois um conceito sempre é expresso em determinada construção material, a qual, por sua vez, carrega um sentido, por mais simples que seja. Ao dizermos "isto não signfica nada", já estamos atribuindo um sentido, o de ausência de sentido.

Quando tratamos de diversas linguagens, vamos nos defrontar com sistemas mistos que envolvem várias matérias (som e imagem, objeto e escrita, cor e movimento e assim por diante). Para tornar nossa explicação mais clara, podemos reunir os signos de acordo com uma única e mesma matéria que transportam: signo verbal, signo gráfico, signo gestual, signo sonoro etc. De acordo com a linguagem que temos em foco, vamos nos deter nos signos que a compõem e levantarmos significantes e significados que sustentam o processo de significação. Nesse sentido, é mister não esquecer que o significante é o mediador material do significado, e, na maioria das vezes, a relação entre eles é arbitrária. Tal fato se deve, como já vimos, à natureza essencialmente social das linguagens, que leva à criação de códigos aceitos e usados por toda a comunidade. Há também, no entanto, os casos em que os signos são motivados, com uma relação direta entre significante e significado, como nas onomatopeias ou nos signos em que aparecem analogias – por exemplo, entre uma imagem e o conceito que ela carrega (duas balanças no mesmo nível significam a justiça). É claro, entretanto, que há graus de motivação e arbitrariedade, podendo existir signos mais ou menos arbitrários e outros mais ou menos motivados.

Considerando o que foi exposto até aqui, para nos debruçarmos sobre textos de diferentes linguagens precisamos reconhecer os tipos de signos de que cada um é formado e visualizar o processo de significação ali presente, para, em seguida, nos posicionarmos diante dele. Só assim estaremos realmente inseridos na dinâmica da comunicação humana. Por texto[17], pois, estamos entendendo todo e qualquer objeto cultural, verbal ou não, em que está implícito o exercício de um código social para

---

[17] AGUIAR, Vera Teixeira de; BORDINI, Maria da Glória. *Literatura*: a formação do leitor – alternativas metodológicas. Porto Alegre: Mercado Aberto,1993. p.11.

organizar sentidos por intermédio de alguma substância física. Portanto, cinema, televisão, vestuário, esportes, cozinha, moda, artesanato, jornais, falas, literatura e outros, todos partilham da qualidade de textos.

Já sabemos que os textos verbais podem ser literários ou não, e, dentro dessas duas grandes áreas, encontramos vários tipos diferentes de textos. Por seu turno, a literatura compreende gêneros que têm características próprias e que, portanto, exigem leituras diferenciadas. Se a comunicação literária possui parâmetros gerais, todos eles voltados para o caráter autônomo e a significação globalizante da arte, cada gênero garante sua especificidade pelo arranjo particular dos signos que promove. É claro, entretanto, que as fronteiras entre eles não são bem demarcadas, podendo haver zonas de aproximação e confronto que tornam a classificação problemática. Referimo-nos a poesia, romance, conto, crônica, novela, mas podemos ter formas híbridas como um conto poético, uma poesia narrativa, uma crônica romanceada e, mesmo, uma novela com fragmentos de crônica, um romance com trechos poéticos; os exemplos são inúmeros. Vamos, então, comentar a última página do livro *Minha vida de menina*, de Helena Morley:[18]

> Terça-feira, 31 de dezembro
> Hoje estou me lembrando de vovó, porque a alma dela nos tem protegido desde que morreu.
> Quantas vezes ela não dizia: "Você é que vai valer à sua família, minha filha. Você é tão inteligente e boazinha". Lembro-me também dela sempre dizer a mamãe: "Carolina, minha filha, eu estou muito

---

[18] MORLEY, Helena. *Minha vida de menina*. São Paulo: Companhia das Letras, 1998. p. 335.

precisada de morrer para melhorar a sua vida". Falava assim por não lhe poder dar dinheiro em vida, porque tio Geraldo tomava conta da fortuna dela, não deixava.

O dinheiro que vovó deixou para mamãe foi pouco e meu pai pagou todas as dívidas e continuou na mineração. Mas logo as coisas mudaram e nossa vida tem melhorado tanto, que eu só posso atribuir à proteção da alma de vovó. Meu pai entrou para a Companhia Boa Vista e tudo dos estrangeiros é só com ele, porque é o único que fala inglês e conhece bem as lavras. Agora não vamos sofrer mais faltas, graças a Deus.

Não é mesmo proteção de vovó lá do Céu?

Estamos diante de um texto que, em forma de diário, cobre os anos de 1893 a 1895 da vida da personagem principal. Como é próprio da narrativa, sobressaem os signos que nos fornecem a marcação do tempo (a data, os advérbios de tempo, as flexões verbais), pois toda a ação decorre no tempo. Nessa página, a menina parte do presente ("hoje") para reportar-se ao passado e recuperar a presença da avó pela memória, percorrendo uma linha cronológica até voltar ao momento da escritura e, nesse sentido, da narrativa circular. O espaço em que a ação ocorre é apresentado por meio das personagens, quase sempre de forma indireta, sugerindo o núcleo familiar e as relações entre seus membros, bem como o ambiente de trabalho do pai. A narrativa parte de uma afirmação ("... a alma dela nos tem protegido desde que morreu"), que os dois parágrafos seguintes vêm comprovar, de modo que a interrogação final funciona como uma ratificação da ideia inicial. No entanto, a menina começa por relatar fatos concretos, acontecidos enquanto a avó vivia, e, depois, levanta a hipótese da proteção depois da morte, num ponto de vista puro e ingênuo, próprio de sua idade.

Tal oposição leva à pergunta final, numa intenção de convencer o leitor. Vemos, assim, que tanto a estrutura significante quanto o significado textual caminham na mesma direção, unindo-se como se fossem um círculo. Se na narrativa importam os signos que dizem respeito ao tempo, ao espaço, ao ponto de vista, à construção e às ações das personagens, no poema avultam o ritmo, os jogos sonoros, as imagens. Paulo Leminski[22] nos dá um exemplo de linguagem extremamente econômica:

minha mãe dizia

- ferve, água!
- frita, ovo!
- pinga, pia!

e tudo obedecia

Em cinco versos, divididos em três estrofes, o poeta sintetiza sua visão da imagem materna. Na primeira, o pronome possessivo e o verbo no pretérito remontam à infância, demonstrando que a matéria poética vem plena de experiência vivida. Ele busca na memória cenas familiares, reduzidas ao universo da cozinha, que é o espaço das transformações, da alquimia que faz de uma série de ingredientes avulsos um prato saboroso que nutre, que sustenta o ser humano. Ali, junto ao fogão e à pia, a mãe é poderosa. Para mostrar isso, o poeta apresenta, na segunda estrofe, signos que indicam as ações (ferver a água, fritar o ovo, pingar a pia) como ordens da mãe, in-

---

[19] LEMINSKI, Paulo. Minha mãe dizia. In: *Caprichos e relaxos*. São Paulo: Brasiliense, 1983.

vertendo a ótica do sentido original. O último segmento confirma a força materna, mostrando o movimento desse microcosmo doméstico submetido à voz da mãe: as coisas acontecem não porque ela faz, mas porque, por moto próprio, tratam de obedecer a seu comando. A idéia da onipotência materna, do ponto de vista da criança que o poeta foi, acompanha-o na vida adulta. O poema, porém, vai mais longe, traduzindo o significado da figura materna como aquela que garante o lastro de segurança e de certeza que é preciso ter para enfrentar a vida. A imagem da mãe condensa, assim, a estruturação do psiquismo, o equilíbrio emocional.

Arranjo diferente tomam os signos verbais em uma carta. Transcrevemos a seguir um fragmento escrito por Joel Rufino dos Santos[20] em 12 de junho de 1973, quando era preso político, durante a ditadura:

Nelsinho, meu querido.

Estou com muita saudade de você. Recebi as fotografias que você me mandou. Gostei mais daquela em que você aparece dirigindo, junto com o Marquinho. Puxa!, como você está grande. Vejo, pela foto, que seus pés quase já chegam ao acelerador!
Esta carta é para lhe contar o que está acontecendo comigo.
Eu viajei logo depois do Natal. Se lembra? Fui ao norte do Brasil, trabalhar.
Quando voltei, tive uma surpresa. Fui convidado pelo governo a contar algumas coisas que fiz. Por exemplo: eu dei aulas sobre coisas que o nosso governo não gosta; contei algumas histórias que o nosso governo não gosta que se conte; e, finalmente, escrevi alguns

---

20 SANTOS, Joel Rufino dos. *Quando eu voltei, tive uma surpresa*. Rio de Janeiro: Rocco, 2000. p. 9.

livros que o nosso governo também não gostou. Aí, o governo me pediu para que esclarecesse todas estas coisas. Bom, você já sabe que as pessoas têm de esclarecer coisas deste tipo é com o Juiz. Eu te expliquei uma vez o que era um juiz – e acho que você mesmo viu já um na televisão. O juiz do governo faz a mesma coisa que o juiz de futebol: ele decide quem tem razão.

Eu acho que tenho razão. As aulas que eu dei, as histórias que contei e as coisas que eu escrevi nos meus livros e nos jornais – eu acho que são coisas certas. O governo não acha. O juiz é quem vai decidir. Agora, eu estou esperando ele me chamar para decidir. Isto demora um pouco, infelizmente. Tenho certeza de que o juiz vai dizer: "Seu Joel, o senhor já esperou muito tempo pela minha decisão. Pode ir embora".

Predomina, na carta, a voz do autor, em primeira pessoa, dirigindo-se ao filho e tentando lhe explicar as razões de sua prisão. Para isso, vale-se de uma linguagem coloquial, afetiva, num esforço para se aproximar de seu interlocutor e deixar claros os sentimentos que o movem. Há, em todo o texto, uma preocupação em adequar a linguagem, em termos das expressões usadas e de seus significados, à compreensão infantil; mais ainda, à aceitação de seu afastamento. Por esses caminhos, o processo de significação torna-se acessível ao leitor e a comunicação acontece, embora pai e filho estejam separados espacialmente.

Outro tipo de mensagem que se preocupa com a eficácia junto ao receptor é o exercido pela propaganda. Veja o texto reproduzido a seguir.

Os signos verbais e visuais que compõem essa mensagem voltam-se para o leitor da revista *Superinteressante*,[21]

---

[21] SUPERINTERESSANTE. São Paulo: Abril. n.199, abr. 2004, p. 21.

veículo em que ela aparece. O texto procura motivar o leitor para a versão informatizada do periódico, apresentando suas novas possibilidades por meio de exclamação, reproduções de páginas da internet e, também, o uso continuado de verbos no imperativo ("acesse", "decore", "divirta-se"). Tal fato nos permite verificar a camada social que o texto pretende atingir. Pela publicidade, percebemos que o público visado pela revista pertence a um estamento privilegiado da sociedade e, portanto, íntimo da cultura letrada e dos recursos tecnológicos avançados. Logo, os signos verbais e visuais dizem respeito à importância do novo veículo, por seus significantes (palavras e imagens) carregados desse significado.

A intenção da imprensa e, especialmente, do jornal diário, é levar a informação ao leitor, buscando uma determinada postura frente ao mundo em que vivemos. Por isso, mesmo quando as informações não chegam, a notícia aparece:[22]

Regime comunista de Kim Jong-Il silencia sobre colisão de trens que pode ter deixado cerca de 3 mil mortos e feridos

MISTÉRIO CERCA TRAGÉDIA NA COREIA DO NORTE

Uma tragédia cercada de mistério – e, ao que tudo indica, de grandes proporções – sacudiu ontem a Coreia do Norte.
Cerca de 3 mil pessoas podem ter morrido ou se ferido na explosão de dois trens de carga que colidiram quando chegavam a uma estação perto da fronteira com a China. Os trens levavam gasolina e gás liquefeito.

---

[22] Mistério cerca tragédia na Coreia do Norte. *Zero Hora*, Porto Alegre, 23 abr. 2004, p. 30.

Expressões como "silencia", "pode ter deixado cerca de 3 mil mortos e feridos", "ao que tudo indica", "podem ter morrido ou se ferido" demonstram que as afirmações não foram confirmadas, logo não são fidedignas. Mas, pela carga de significação que portam (a ideia de morte), impressionam o leitor e levam-no a tomá-las por verdadeiras. A imprensa joga, muitas vezes, com recursos como esse para atrair o público, dispondo a palavra, oral ou escrita, e as imagens, estáticas ou animadas, de modo a criar o efeito desejado.

A fotografia, como aliás toda mensagem, também busca causar impacto, mas, se ela é artística, compromete-se com um sentido mais amplo. Por isso, vale a pena examinar uma foto de Luciana Fátima, reproduzida ao lado.

A foto, em preto e branco, é tomada de baixo para cima, com a fotógrafa colocando-se em um plano inferior para registrar a estátua de uma personalidade histórica, José Bonifácio, em uma praça da cidade de São Paulo. A figura humana está em relevo, tendo partes de edifícios e alguns galhos de árvores ao fundo. Um pedaço de céu ilumina a foto como um todo e o perfil do homem, em especial. É, pois, uma imagem urbana, carregada de concreto e com muito pouco elemento natural, que denota o predomínio das construções de alvenaria a preencher os espaços. No entanto, a fotógrafa ressalta a figura do homem, associado a um princípio de liberdade para a História brasileira, sobrepondo-se ao cimento. O que a artista salienta, portanto, não é um fato específico vivido por essa personagem, acontecido em um determinado lugar e momento, mas sua significação humana, que diz respeito aos moradores da cidade, particularmente, e também a todos nós, que aprendemos que a História é feita de homens que vencem o meio em que estão inseridos.

O VERBAL E O NÃO VERBAL

Outra mensagem em que os sentidos dirigem-se todos na mesma direção é a mensagem teatral. Complexo, e concentrando em si signos de naturezas diversas, o teatro explora todas as possibilidades do espaço para desenvolver-se no tempo. Temos os signos auditivos como a palavra, a música e os ruídos; signos visuais centrados no ator, como a expressão facial e a corporal (o gesto, a marcação) e a aparência exterior (maquilagem, penteado, indumentária), bem como aqueles que estão fora do ator, que dizem respeito ao espaço cênico (acessórios, cenário, iluminação). A combinação de todos esses signos, por sua presença ou ausência, cria o efeito de sentido que o teatro explora numa comunicação imediata com o público. Pode-se dizer, nesse caso, que o espectador é parte do ato significativo, porque suas reações e suas emoções ajudam a compor o espetáculo, que é sempre único. Como na cena teatral da foto ao lado, colhida de uma montagem de *Quando as máquinas param* (1967), de Plínio Marcos.

O jogo de sombra e luz projeta os atores, em pé, no centro do palco. A iluminação privilegia a parte inferior da cena e as costas do homem, embora possamos vislumbrar seu encontro com a mulher. O cenário doméstico e simples, marcado pela cortina entreaberta, denota intimidade, aproximação entre as duas personagens, mas a falta de luz reforça a magia do que está para acontecer. A combinação, portanto, de signos opostos, garante a emoção do momento dramático.

A linguagem musical, como a verbal, desenvolve-se no tempo, diferentemente da visual, que se espraia no espaço. A percepção de um quadro, de um cartaz, de uma peça de artesanato, de uma escultura dá-se de maneira global, isto é, percebemos o todo e só depois, as

O VERBAL E O NÃO VERBAL

partes. Na fala, na escrita e na música deciframos signo a signo, formando, depois, unidades maiores. Só no final da audição ou da leitura temos o texto completo. Como as partes buscam criar uma mensagem única, o tema desenrola-se a partir de uma sucessão de redundâncias que, criando variações em torno do mesmo sentido, atingem o efeito esperado sobre o destinatário. Assim, os hinos pátrios, por exemplo, compostos no nascimento das nações modernas, por sua sonoridade, ritmo (e letra) exaltam a nacionalidade e o amor pela terra natal. Daí os acordes e os movimentos musicais crescentes, os tons altos ao final de cada linha melódica que exaltam o ouvinte, levando-o a sentir que pode participar da construção de seu país.

Esses exemplos por si só já nos garantem que a linguagem é, portanto, múltipla, e que convivem no seio da sociedade os mais variados códigos. A combinação desses códigos promove a interação dos seres humanos e a expressão de seus pensamentos e de seus sentimentos mais profundos.

■

4 As funções da linguagem variam

A multiplicidade da linguagem, decorrente da necessidade humana de comunicação intra e interpessoal, é evidente na diversidade dos textos verbais e não verbais que transitam na sociedade. De acordo com os sentidos que precisam ser expressos e as condições de que dispomos em determinada situação, valemo-nos de códigos diferentes, criados, historicamente, a partir das matérias com que contamos, como o som, a imagem, a cor, a forma, o movimento, a massa e tantas outras. Na verdade, o processo de significação acontece toda vez que nos apropriamos de um código e, por meio dele, nos fazemos entender. Isso acontece porque arranjamos os signos que compõem esse código segundo as regras sociais de funcionamento e externamos com propriedade nossos sentimentos, ideias e vontades.

A escolha dos signos e sua distribuição constroem a mensagem que queremos enviar para um destinatário próximo ou distante, definido ou indefinido. Ao fazermos a seleção, tanto dos signos quanto do modo de organizá-

-los, visamos a eficiência da expressão e da comunicação, isto é, buscamos a forma mais apropriada de sermos compreendidos pelo possível receptor. Vale salientar que, se fazemos uma opção, é porque temos uma gama de alternativas, e, em se tratando de significação, isso quer dizer que um mesmo significado pode estar em relação com significantes diferentes. Por exemplo, para chamar a atenção de uma pessoa (e é esse significado que vamos expressar), valemo-nos do gesto (estalamos os dedos, abanamos as mãos), da voz (falamos, gritamos seu nome ou uma onomatopeia como *olá*), da cor (vestimos uma roupa ou portamos um objeto de cores vivas) e de muitos outros significantes. Com todos eles conseguimos enviar o significado que desejamos, no caso, a atenção de alguém. Mas devemos ter em conta que o processo de significação é decorrente da relação entre o significante e o significado, o que quer dizer que, se o significante muda, a significação também muda. Voltando ao nosso exemplo, vemos que, ao chamar a atenção de alguém estalando os dedos, dizendo seu nome ou balançando uma bandeira, temos três modulações de significado diferentes, mais ou menos informais, mais ou menos espontâneas, dependendo das condições em que ocorrem e das relações entre os sujeitos. O que fica claro, portanto, é que as situações comunicativas interferem nas combinações entre os significados e significantes que criamos.

O processo de comunicação, entretanto, é bem mais complexo, e outros aspectos contribuem para o seu funcionamento além das construções sígnicas. Qualquer conduta comunicativa tem uma finalidade, que determina os meios utilizados para conseguir os efeitos que desejamos, dentro de um espaço específico de interação. Isso nos leva a concluir que a linguagem verbal e as linguagens não verbais compõem-se de códigos globais que abrigam inúmeros subcódigos relacionados entre si e responsáveis por tipos de comunicação diferentes, segundo as funções que queremos privilegiar. Logo, as linguagens devem ser estudadas em toda a variedade de suas funções.

Para compreendermos as funções das linguagens, atentamos, primeiramente, para seus fatores constitutivos. Os primeiros a descrevê-los foram os linguistas, tendo em vista, é claro, a linguagem verbal. Vamos, aqui, estender suas descobertas às linguagens não verbais, porque consideramos que o processo de comunicação, qualquer que seja o código que utilizamos, implica os mesmos elementos para sua efetivação. Senão, vejamos: um *remetente* envia uma *mensagem* para um *destinatário*; para que a mensagem seja eficaz, ela precisa estar inserida em um *contexto* apreensível pelo destinatário, ser emitida em um *código* total ou parcialmente comum ao remetente e ao destinatário e valer-se de um *contato*, que é o canal físico e a conexão psicológica entre o remetente (ou codificador, ou emissor) e o destinatário (ou decodificador, ou receptor). Todos esses fatores constituintes da comunicação podem ser esquematizados da forma proposta por Roman Jakobson:[23]

CONTEXTO

REMETENTE   MENSAGEM   DESTINATÁRIO

....

CONTATO

CÓDIGO

---

[23] JAKOBSON, Roman. *Lingüística e comunicação*. São Paulo: Cultrix, 1969. p.123.

Uma situação de comunicação pode ser uma sala de aula em que ouvimos a exposição do professor de ciências sobre os animais invertebrados. O remetente é o professor; a mensagem é aquilo que ele nos diz; os destinatários somos nós, os alunos; o contexto são as indicações sobre o assunto tratado, sem as quais não vamos entender a mensagem (reino animal, vértebra etc.); o código é a língua portuguesa em sua modalidade oral; o contato é a voz em suas modulações, o ar, as expressões e gestos que o professor usa para prender nossa atenção.

Cada um desses seis fatores determina uma função da linguagem. A *função emotiva* está centrada no emissor, (ou remetente) uma vez que, aos nos expressarmos, deixamos à mostra sempre um pouco de nossos sentimentos, de nossa interioridade. O professor de ciências citado, por mais impessoal que pretenda ser, revela seu entusiasmo pela matéria, sua preocupação com a aprendizagem dos alunos, o que tem a ver com a função emotiva da linguagem. Na mensagem que o mestre transmite aos alunos, embora absolutamente científica, está depositada a *função poética*, pois, ao organizar as frases de uma maneira própria, escolher as palavras, acertar o ritmo e criar efeitos de sentido, ele está dando atenção à composição da mesma. O destinatário, por sua vez, é responsável pela *função conativa*, que delimita seu papel no processo de comunicação. Ao usar vocativos e imperativos, o professor está esperando nossa reação ao que diz, logo, nosso lugar de destinatário está marcado na linguagem. Por outro lado, o contexto tem a ver com a *função referencial*, que está em todos os dados necessários à compreensão da aula. As informações sobre os animais invertebrados são novas, mas precisamos situá-las em um ambiente já conhecido para podermos captá-las, isto é, o professor precisa partir do que já sabemos para nos colocar frente ao que não sabemos. Para isso, ele usa um código, a língua portuguesa, e, sempre que precisa se deter e explicar o código, está enfatizando a *função metalinguística*. Em nossa aula, tal função aparece quando ele diz, por exemplo, "por reino animal entendemos...", ou "animais invertebrados são...". E vamos aprender melhor se o contato for ativado, quer dizer, se a *função fática* da linguagem for bastante utilizada por meio de expressões como "compreenderam?", "bem...", "vamos adiante", "prestem atenção".

Podemos, agora, completar o esquema de Jakobson, acrescentando as funções da linguagem:

CONTEXTO
FUNÇÃO REFERENCIAL

REMETENTE MENSAGEM DESTINATÁRIO
FUNÇÃO EMOTIVA FUNÇÃO POÉTICA FUNÇÃO CONATIVA

CONTATO
FUNÇÃO FÁTICA

CÓDIGO
FUNÇÃO METALINGUÍSTICA

É preciso ressaltar que essas seis funções estão presentes em todo ato comunicativo, isto é, elas atuam simultaneamente quando nos comunicamos. A diversidade reside no fato de que há uma hierarquia entre as funções, uma prevalecendo sobre as outras. Há, pois, uma função predominante que, por sua vez, determina a estrutura do texto. Em muitos casos, há um pendor para o referente, uma orientação para o contexto, isto é, o assunto tratado é o mais importante, ganhando corpo, assim, a função referencial. É o que acontece na aula de ciências que nos serviu de exemplo, em que todos os outros componentes do processo de comunicação ficam em segundo plano para que o assunto da aula apareça. Uma das razões da prevalência desse tipo de comunicação sobre os demais, que vamos ver a seguir, está no espaço ocupado pela informação na vida humana. Na verdade, para sobrevivermos, nos relacionarmos e registrarmos nossas experiências trocamos informações. É claro que nessas permutas todas as funções da linguagem estão presentes, mas os dados objetivos a que nos referimos ficam em primeiro lugar.

A função emotiva dá a tonalidade a todas as nossas manifestações comunicativas, sendo evidenciada pelo modo como jogamos com os signos de qualquer natureza (sonora, gráfica, visual etc.). Quando a expressividade da comunicação é o item mais acentuado para compor o sentido, tal função avulta, como, por exemplo, neste e-mail:[24]

> **De:** "LESLIE" <leslie.toledo@eresmas.net>
> **Para:** "Vera Aguiar" <veaguiar@portoweb.com.br>
> **Enviada em:** sexta-feira, 7 de maio de 2004 08:28
> **Assunto:** RE: contato
>
> Olá Vera,
>
> Que bom falar contigo, mesmo que virtualmente!
> Estou em Valência e vivo num bairro com nome de flor: Malvarrosa. Seu perfume fez com que um senhor apaixonado por ela plantasse tantas que o lugar ficou conhecido assim. Hoje quase não tem malvarrosa por aqui, mas seu nome e tudo que dela evoca continua presente, principalmente nos amanheceres que, num dado momento, as cores do sol encontrando com o mar mostram seu es-

---

[24] TOLEDO, Leslie. *Contato*. E-mail:leslie.toledo@eresmas.net

plendor. Um breve momento que tem a força bruta da beleza.
A alegria do meu olhar: o mar mediterrâneo que amanhece e anoitece na janela de minha casa. Todos os dias as gaivotas ficam rodeando a varanda à espera do término do recreio da escola que fica ao lado, para comer a merenda das crianças ou o que deixaram para elas. É divertido nos fins de semana quando uma que outra distraída não se lembra que não tem aula, nem crianças, nem merenda e fica num vôo de espera nos mesmos horários de sempre...
É assim, uma paisagem que todos os dias apresenta novidade e beleza, mesmo em dias de tormenta fica linda com toda a fúria que pode ter suas ondas e os raios que às vezes não sabemos se vêm do céu, do horizonte ou do mar. Também tem algumas palmeiras para deixar minha janela mais bonita.
Descrevendo assim, desde minha janela, pareço uma princesa encantada presa numa torre alta e inacessível. Encantada sim, princesa nem pensar, sou republicana e pela democracia (vivo num país com reis, princesas e até outro dia com muitas moças sonhando em casar com o príncipe, futuro rei da Espanha!). Presa tão pouco, porém, diferente da Leslie que sempre falou demasiado e que tem aprendido desde sua janela a observar, escutar e ler mais. As sensações que se somam a toda essa revolução é ainda indecifrável. Tenho vivido silêncios, embora creio que causo algum tipo de barulho quando escrevo sobre ele. Aprendo porque se me impõe o aprendizado e, como diria minha mãe, a dor do crescimento incomoda principalmente as articulações. Mas me sinto enfeitiçada por toda essa feroz delicadeza que se me apresenta e isto sei que é bom.

....

E você, como está? Da última vez que nos vimos desfrutando de um momento novo e bom na sua vida, segue assim ou melhor? E o trabalho? Também quero notícias. E, por favorzinho, não olhe muito os erros de português porque faço algumas mesclas e não quero

estar me corrigindo quando falo com o coração.
Para não te cansar muito e seguir esta conversa, até outro dia!
Ah, uma foto na casa que foi do poeta Miguel Hernandez e dos meus amores (quando Mateus celebrava 12 anos, agora já está fazendo a barba)!
Um beijo muito grande
Leslie

Esse é um longo e-mail de uma amiga que emigrou para a Espanha, e, saudosa e ao mesmo tempo feliz, conta de sua nova vida, das experiências recentes, dos ambientes e das descobertas, temperando tudo com a emoção que está vivendo. Sem dúvida, todas as funções da linguagem convivem no texto, mas a função emotiva está no degrau mais alto, guiando o olhar que capta o desconhecido, que se apropria da nova realidade e quer expressar seu encantamento.

A estrutura da comunicação é outra quando prevalece a função conativa, que, como vimos, orienta-se para o destinatário – por conseguinte, é esse o pólo que se destaca. Como esta placa:

AVISO AOS USUÁRIOS

Antes de entrar no
Elevador, certifique-se de
Que o mesmo encontra-se
Parado neste andar.

LEI ESTADUAL No ____ DE _____

O texto que lemos está fixado nas portas dos elevadores e tem a finalidade de proteger os usuários, evitando que os mesmos sofram acidentes. Sua composição, portanto, dá ênfase ao papel do receptor da comunicação, por meio do vocativo ("Aos usuários"), do uso do verbo imperativo ("certifique-se") e até da indicação da lei estadual que deve ser cumprida. Junto a todos a esses dados, que buscam chamar a atenção do destinatário, estão o suporte da comunicação (uma placa) e o lugar em que ela está afixada (a porta do elevador), reforçando a função conativa.

Muitas vezes, no entanto, para que o processo comunicativo não se perca, precisamos reforçar o canal que mantém o contato entre o emissor e recebedor da mensagem. O diálogo,[25] por exemplo, pode ficar assim:

– Bem. – disse o rapaz.
– Bem! – respondeu ela.
– Bem, cá estamos. – disse ele.
– Cá estamos. – confirmou ela – Não estamos?
– Pois estamos mesmo – disse ele – Upa! Cá estamos.
– Bem! – disse ela.
– Bem! – disse ele.
– Bem! – confirmou ela – Bem!

Temos aqui, provavelmente, um casal disposto a se manter próximo, sem, contudo, encontrar um assunto para a conversa. Em um diálogo como esse praticamente nenhuma informação nos é repassada, porque os falantes apenas se preocupam em não cortar a comunicação. Se algum sentido o texto revela, é o de que as duas partes estão de acordo e não querem encerrar a conversa, o que já indica a presença das demais funções da linguagem, rebaixadas, contudo, a pano de fundo para a função fática proeminente. Os estudiosos, aliás, chamam a atenção para ela, acentuando seu caráter

---

[25] JAKOBSON, Roman, op. cit., p.123.

generalizante: os animais a exercitam quando iniciam e mantêm contato entre si, bem como é a primeira função comunicativa que os bebês adquirem quando balbuciam, se movimentam e choram. Parece que a tendência a se comunicar é anterior à capacidade de emitir ou receber informações.

No entanto, para que a informação transite com sucesso, é preciso que o remetente e o destinatário disponham de um código comum, o que muitas vezes não acontece de modo pleno. É o momento, então, de testarem o código, para dirimirem os mal-entendidos. Quando essa é a questão mais importante da comunicação, está predominando a função metalinguística, como nestas falas:

– Vamos, agora, estudar a lua.
– O que é a lua?
– A lua é um satélite.
– O que é um satélite?
– Satélite é um corpo celeste que gira em torno de um planeta.
– O que é um planeta?
– Planeta é um corpo celeste, sem luz própria, que gira em torno do Sol.
– O que é o Sol?
– O Sol é uma estrela.
– ....

E poderíamos continuar explicando o código, uma vez que estamos definindo a nomenclatura que usamos nesse recorte do conhecimento. Muitas vezes, tais esclarecimentos metalinguísticos ocorrem por intermédio de outras linguagens como, por exemplo, nas legendas dos mapas:[26]

---

[26] PAUWELS, Pe. Geraldo José. *Atlas geográfico Melhoramentos*. São Paulo: Melhoramentos, 1989. p.45.

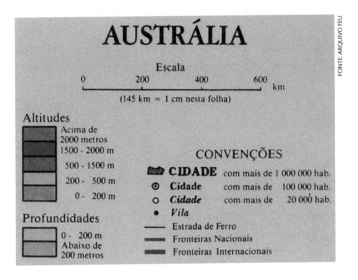

Se considerarmos toda a página do atlas, temos, é claro, como predominante a função referencial. Mas, especificamente no quadro em destaque na página anterior, a função metalinguística é predominante porque, por meio dela nos atemos ao código utilizado e exercitamos nossa capacidade de reconhecimento e decifração do mesmo, para compreendermos, a seguir, o mapa em exposição.

A legenda apresenta-nos, em primeiro lugar, a escala em que o mapa está desenhado, para que possamos calcular o tamanho real do território da Austrália. Temos, a seguir, as convenções para altitudes, profundidades, cidades, estradas e fronteiras. De posse do código, podemos ler o mapa e compreender as informações que ele traz.

Finalmente, vamos examinar textos em que predomina a função poética, aquela centrada na mensagem, atenta ao próprio processo de construção. Aliás, poesia deriva de uma palavra que em grego quer dizer criação (*poiésis*), isto é, poética é a arte de criar uma composição que se destina, propositalmente, ao prazer estético. Disso decorre que a organização dos signos que a compõem torna-se o elementro preponderante. Este poema de Jorge de Lima[27] pode exemplificar o que estamos dizendo:

Poema do nadador

A água é falsa, a água é boa.
Nada, nadador!
A água é mansa, a água é doida,
aqui é fria, ali é morna,
a água é fêmea.
Nada, nadador!

---

27 LIMA, Jorge de. *Antologia poética*. Rio de Janeiro: J. Olympio, 1978. p. 60.

A água sobe, a água desce,
a água é mansa, a água é doida.
Nada, nadador!
A água te lambe, a água te abraça
a água te leva, a água te mata.
Nada, nadador!
Senão, que restará de ti, nadador?
        Nada, nadador.

O poema é composto por uma única estrofe, e, na primeira leitura, já percebemos a repetição constante do verso *Nada, nadador!*, como uma exortação e um incentivo ao esportista. No entorno desse verso enérgico, até pelo uso da exclamação, estão outros que descrevem a água, com a estrutura constante de *substantivo + verbo ser + adjetivo*. O que se altera é o adjetivo, que expressa qualidades antagônicas da água: falsa/boa, mansa/doida, fria/morna. Os versos que trazem verbos de ação também reafirmam as oposições: sobe/desce, lambe/abraça. A inconstância da água, que o poeta tanto reitera, talvez esteja sintetizada no verso *a água é fêmea*, numa alusão à mulher, cíclica, em constante mudança, incapaz de ser apreendida em sua totalidade, sentido que é reforçado mais adiante (*a água te leva, a água te mata*). Mesmo assim, o poeta pergunta *Senão, que restará de ti, nadador?* e responde *Nada, nadador*, fazendo um jogo das palavras nada (verbo nadar) e nada (coisa nenhuma) que, por si só, expressa a oposição que percorre todo o poema.

Não por acaso, Jorge de Lima desloca o último verso para a direita, como a sair do poema, pois seu significado remete à negação do sujeito. Por meio dessa estratégia, ele dá ênfase ao aspecto visual. O ritmo também contribui para a construção do sentido: os versos dividem-se em duas partes separadas pela vírgula, simulando o movimento do nadador, as duas braçadas sincronizadas com que enfrenta a água. Assim, por meio de imagens verbais, visuais, sonoras e rítmicas, o criador reafirma a mensagem de que é preciso nadar (viver) mesmo nas adversidades, pois é essa a natureza do homem. Apostar na existência é dar-lhe um sentido, é lutar por um objetivo, sem o qual não somos nada. Não é por acaso que o poeta escolhe o ponto de exclamação para chamar à vida e o ponto final para se referir àqueles que não o atendem.

A exaltação à vida que Jorge de Lima faz nesse texto não é um longo discurso dissertativo que apresenta argumentos e debate ideias. Ele aposta na força da poesia para expressar, de modo sintético, o que pensa e sente em relação ao mundo. Valendo-se de repetições, oposições, pontuações e um ritmo bem marcado, trabalha a linguagem de modo a que cada elemento esteja carregado de significações. Exploradas em sua função poética, as palavras são vivas e visíveis, não passamos por elas distraidamente, em busca de um significado que está fora delas, em um contexto referencial definido. Elas são o sentido.

Vejamos agora este poema de Fabrício Carpinejar:[28]

Ser inteiro custa caro.
Endividei-me por não me dividir.
Atrás da aparência, há uma reserva de indigência,
a volúpia dos restos.

Parto em expedição às provas de que vivi.
E escavo boletins, cartas e álbuns
— o retrocesso da minha letra ao garrancho.

---

[28] CARPINEJAR, Fabrício. *Caixa de sapatos*: antologia. São Paulo: Companhia das Letras, 2003. p. 46-7.

O passado tem sentido se permanecer desorganizado.
A verdade ordenada é uma mentira.

O musgo envaidece as relíquias. Os dedos retiram as teias,
assisto à revoada de insetos das ciladas.
Fujo da claridade, refulge a poeira.
O par de joelhos na imobilidade de um rochedo.

Reviso o testamento, alisando a textura
como um gramático da seda.
Desvendo o que presta pelo som do corte.

O que ansiava achar não acho
e esbarro em objetos despossuídos de lógica
que me encontram antes de qualquer pretensão.

O que fiz cabe numa caixa de sapatos.

O tom confessional que percorre todo o poema só é cortado, talvez, por três versos, que procuram fazer um balanço impessoal do ato de viver e refletir sobre a vida: "Ser inteiro custa caro", "O passado tem sentido se permanecer desorganizado. / A verdade ordenada é uma mentira". O que o eu poético afirma, reiteradamente é a nossa incapacidade de ressignificar o que vivemos, a falsidade dos arranjos que a memória promove, a impossibilidade de ordenar o passado, uma vez que todo texto é construído a partir do presente, logo, não trata dos fatos tal como aconteceram, mas submete-os à ótica de quem relata em tempo recente.

Para externar tais sentimentos, o poeta constrói seu texto valendo-se de imagens que se sucedem, num esforço de escavar o passado sem reinventá-lo ou mascará-lo.

Por isso, pode aparecer inteiro, atrás da aparência, em composições imagéticas que falam de "reserva de indigência", "volúpia dos restos", "boletins, cartas e álbuns", "da minha letra ao garrancho", "imobilidade de um rochedo", "objetos despossuídos de lógica". A reincidência dos sentidos projetados por essas imagens desenvolve-se no decorrer do poema e, por tabela, em nosso tempo de leitura. Nesse sentido, o desenrolar da poesia assemelha-se ao da música, cujo tema perpassa toda a criação por meio de incontáveis variações que remetem sempre à linha inicial. Vamos cantar, mentalmente, *Garota de Ipanema*, que tem a letra de Vinicius de Moraes e a música de Tom Jobim:[29]

> Olha, que coisa mais linda,
> Mais cheia de graça,
> É ela, menina, que vem e que passa,
> Num doce balanço, a caminho do mar.
> Moça do corpo dourado,
> Do sol de Ipanema,
> O seu balançado
> É mais que um poema
> É a coisa mais linda
> Que eu já vi passar.
> Ah, por que estou tão sozinho?
> Ah, por que tudo é tão triste?
> Ah, a beleza que existe
> A beleza que não é só minha,
> Que também passa sozinha.
> Ah, se ela soubesse

---

[29] MORAES, Vinicius de. *Garota de Ipanema*. Retirado da Internet: http://ingeb.org/songs/garotade.html (01/08/2004).

Que quando ela passa,
O mundo inteirinho
Se enche de graça
E fica mais lindo
Por causa do amor.

Transcrevemos aqui apenas a letra, certos de que todos conhecemos a melodia desse ícone da música popular brasileira. Podemos cantarolar e perceber que o tema musical se desenvolve e se atualiza, simulando o gingado do andar da moça, similar ao movimento contínuo das ondas do mar. Para os compositores, mulher e mar fundem-se na imagem do balanço que os sons recuperam como visão que se perpetua no vaivém dos compassos. Tal como sucede na música, no texto poético as imagens são reiterativas, mas não apenas elas. No texto de Carpinejar, por exemplo, o ritmo seco das frases é quase sempre igual, sejam elas compostas de orações absolutas ou coordenadas, havendo muito pouca subordinação, quer dizer, muito pouco torneio linguístico, que alteraria o ritmo. O poeta investiga o passado, retratando-o em expressões diretas, como se o trouxesse, em seus fragmentos, para diante dos olhos, e conclui que o que fez "cabe numa caixa de sapatos". Em outras palavras, a severidade com que revisita o passado concretiza-se em sons, ritmos e imagens, multiplicando-se para afirmar o mesmo tema, isso porque todos os extratos do poema (dos sons e palavras aos objetos representados) têm o mesmo valor de significação. No exame dos versos avulta, pois, a função poética da linguagem, que traz à cena a arquitetura da composição. Tanto é verdade que, para o artista, o poema só está pronto quando nada mais ali pode ser alterado.

Se na linguagem verbal a função poética é aquela que desvela o trabalho com as combinações de palavras, nas outras linguagens, também, a atenção com a carpintaria de sua matéria configura essa função. O arranjo dos signos torna-se visível e tem sentido próprio, não sendo apenas o veículo do significado contextual ou referencial. Cristina Biazetto[30] consegue, nesta página, salientar a função poética.

No texto reproduzido ao lado, temos a abertura do livro *Cantigas de ninar vento*, com o título escrito em linha sinuosa, como o movimento do vento, na parte superior da página. No canto inferior direito, um pássaro multicolorido pousa em um galho de linhas também sinuosas e tem o bico aberto, donde parecem sair as palavras: "poemas de Gláucia de Souza", "ilustrações de Cristina Biazetto", "músicas de Jorge Hermann" e "arranjos de Marcelo Nadruz". As letras formam um feixe, em linhas curvas e de cores diferentes, a significar que os quatro autores compõem as cantigas que o pássaro entoa, cada um na sua especialidade (e a variação de cores nos mostra isso). Em toda a página branca, as linhas curvas parecem dialogar entre si, sintetizadas na imagem do animal, toda arredondada. Há, no nível compositivo, uma redundância de dados, voltados para o sentido da apresentação das cantigas, desdobradas nas páginas seguintes. O efeito alegre e sugestivo é constituído pelo jogo de palavras e figuras, de traços e espaços vazios, de linhas sempre curvas (como a indicar a melodia da cantiga), de cores vivas sobre fundo branco, propositalmente. A linguagem é, pois, o centro da comunicação, porque faz atuar fortemente sua função poética.

Os exemplos oferecidos permitem que observemos a prevalência de cada uma das funções da linguagem so-

---

30 SOUZA, Gláucia de. Ilustrações: Cristina Biazetto. *Cantigas de ninar vento*. Porto Alegre: Kalligráphos, 2004.

O VERBAL E O NÃO VERBAL

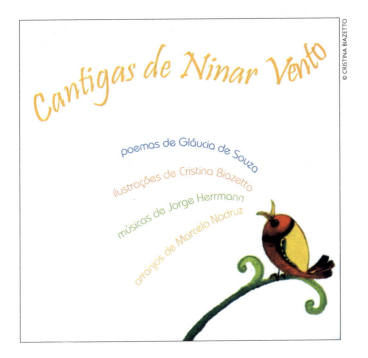

bre as outras, o que nos leva a algumas conclusões. A primeira diz respeito à presença de todas as funções em cada texto comunicativo, porque, se podemos perceber o predomínio de uma delas, significa que as demais estão presentes, delimitando o pano de fundo sobre o qual aquela se salienta. Logo, não há comunicação sem que todos os seus elementos – emissor, mensagem, recebedor, contexto, contato, código – estejam funcionando. Outra questão refere-se ao fato de que o arranjo estrutural do texto é condicionado à hegemonia de uma das funções, isto é, as comunicações referenciais, emotivas, conotativas, fáticas, metalinguísticas e poéticas têm seus elementos organizados de formas distintas. A mudança de lugar de uma função, em termos de importância, altera, portanto, toda a organização do texto. Percebemos, com esses exemplos, que a linguagem verbal e a não verbal se realizam de maneira diferente em cada situação comunicativa que vivemos.

■

5 Toda linguagem é ideológica

Como elo entre os seres humanos, a linguagem varia segundo as situações que vivemos e as necessidades de comunicação que enfrentamos. Já vimos que as diferentes linguagens mudam de acordo com a matéria que lhes serve de suporte (como som, sinal gráfico, massa, movimento, cor), assim como têm características específicas dependendo da função que pretendem exercer (passar informações, expressar emoções, incentivar a resposta do receptor, reforçar o canal de comunicação, explicar o código em uso e escavar o processo de criação). Mas, além das intenções comunicativas, os textos verbais e não verbais que construímos estão marcados por nosso modo de ser e nossa visão de mundo. É claro que as características pessoais e psicológicas de cada um interferem em sua maneira de emitir e receber mensagens, como em todas as situações humanas vividas. Vamo-nos ater aqui, entretanto, às motivações que, sem dúvida, são individuais, mas são geradas com base nas trocas sociais. Melhor dizendo, vamos verificar em que medida nosso posicionamento diante do mundo contamina tudo aquilo que produzimos, traduzindo uma ideologia.

O termo ideologia[31] remonta ao início do século XIX, quando estudiosos franceses pretenderam elaborar uma ciência da gênese das ideias como fenômenos naturais que dizem respeito às relações entre o corpo humano e o meio ambiente e dão origem a nossas faculdades de querer (vontade), julgar (razão), sentir (percepção) e recordar (memória). Entendendo-se como materialistas, realistas e antimetafísicos, esses primeiros ideólogos apoiaram, de início, o governo de Napoleão Bonaparte, por considerarem válida a ordem liberal que estava por vir na França, dando continuidade aos ideais da Revolução Francesa de 1789. Porém, decepcionaram-se com o imperador ao perceberem seus planos de restaurar o Antigo Regime. Napoleão passou a persegui-los, considerando que eles falseavam a realidade.

Bonaparte é injusto em relação aos ideólogos de seu país; Karl Marx (1818-1883) faz a mesma acusação aos alemães, afirmando que ideólogos são aqueles que invertem as relações entre as ideias e o real. Assim, a ideologia, que designava uma ciência natural voltada para as ideias construídas no real, é condenada por desconhecer ou falsear o real. Nesse sentido, é ideológico o discurso do presidente norte-americano George Bush, quando justifica a dominação do Iraque pelos ideais democráticos e libertários de seu país e, na verdade, é movido por projetos expansionistas de interesse econômico. Segundo Marx, o acobertamento da realidade pela explicação mentirosa revela uma postura ideológica.

Entre as críticas que o pensador alemão[32] faz aos ideólogos da Alemanha da segunda metade do século XIX,

---
31 CHAUÍ, Marilena. *O que é ideologia*. São Paulo: Brasiliense, 1984. (Primeiros passos)
32 MARX, K.; ENGELS, F. *Sobre literatura e arte*. São Paulo: Global, 1979.

está aquela referente ao fato de que eles tomam um aspecto do real e o convertem em ideia universal, isto é, tentam deduzir todo o real de um aspecto idealizado. Hoje vivenciamos situações dessa natureza quando, por exemplo, consideramos os valores de uma classe, a burguesia, como princípios universais, o que nos faz acreditar que o comportamento dessa fatia da sociedade é válido para todos (modo de falar, comer, ler, pensar, consumir produtos culturais etc.).

Para compreender a ideologia, Marx aconselha uma discussão mais ampla, que ultrapasse as fronteiras da Alemanha e pense a sociedade capitalista como um todo. Para fazer isso, em pleno século XIX, o autor coloca a questão em termos históricos. Para ele, a história não é mera realização do espírito, mas é a história real da maneira como os homens produzem suas condições reais de existência – desde a sobrevivência e a reprodução da espécie até as relações com a natureza e a sociedade – por meio da divisão social do trabalho e dos modos de produção. Também pertencem à história as formas como os homens interpretam todas essas relações, tendendo para o imaginário, como no caso da ideologia, ou para o real, pelo estudo da origem e do desenvolvimento de tais relações.

Construída a partir de interesses divergentes, a sociedade civil realiza-se por intermédio de um conjunto de instituições que interagem entre si – família, escola, igreja, polícia, partido político, imprensa, Estado, órgãos culturais, magistraturas etc. – e produzem a divisão social do trabalho, que, por sua vez, gera a luta de classes. O resultado disso é que os segmentos dominantes lançam mão de todos os subterfúgios para garantir a manutenção do poder, desde a organização do processo de trabalho (não permitindo que os trabalhadores tomem decisões, por exemplo) e o modo de se apropriar dos produtos (impedindo que os trabalhadores usufruam dos bens que produzem), até as leis e o funcionamento do Estado. O modo como justificam a dominação está calcado no discurso ideológico. A letra desta música de Zé Geraldo[33] evidencia o conflito de classes. Ela começa assim:

> Tá vendo aquele edifício moço?
> Ajudei a levantar
> Foi um tempo de aflição
> Eram quatro condução
> Duas pra ir, duas pra voltar
> Hoje depois dele pronto
> olho pra cima e fico tonto
> Mas me chega um cidadão
> e me diz desconfiado, tu tá aí admirado
> ou tá querendo roubar?
> Meu domingo tá perdido
> vou pra casa entristecido
> Dá vontade de beber
> E pra aumentar o meu tédio
> eu nem posso olhar pro prédio
> que eu ajudei a fazer

Como a vida social é essencialmente prática e concreta, a missão do intelectual e do artista é a de desvelar a ideologia para transformar o mundo. Isso só será possível por meio da conscientização das classes trabalhadoras a respeito do processo de produção capitalista, e, a partir daí, da construção de um novo sistema social ba-

---

[33] GERALDO, Zé. *Cidadão*. Retirado da internet: http://ze-geraldo.cifras.art.br/cifra_2014.html (30/05/2004).

seado na distribuição mais justa do capital e do trabalho. Portanto, o escritor deve ser alguém engajado no processo social, ciente de seu lugar como trabalhador produtivo e disposto a cooperar na luta contra a alienação. Deve estudar as ciências econômicas e sociais para dar à classe operária obras dignas dela, isto é, textos capazes de fazê-la pensar e entender o real, a fim de poder alcançar melhores condições de vida. No entanto, Marx alerta que a qualidade artística deve estar em primeiro lugar, que o autor deve publicar somente aquilo que considerar perfeito do ponto de vista estilístico. Do contrário, estaremos diante de panfletos e não de objetos literários. Isso significa que o produto artístico deve desvelar a ideologia, ser, portanto, contraideológico.

O russo Mikhail Bakhtin[34] (1895-1975), que viveu os anos negros (1929-1953) da política de perseguições de Stalin, tem um outro conceito de ideologia. Por não fazer concessões aos dogmas do ditador, teve seu nome apagado dos círculos intelectuais do sistema, sendo recuperado só em meados da década de 60 do século passado, quando o obscurantismo do regime começa a se esfacelar. Para Bakhtin, todo signo é ideológico, pois possui um significado e remete a algo fora de si mesmo. Um corpo físico (como uma árvore) vale por si próprio, coincide com sua natureza; um instrumento de produção (como uma foice ou um martelo) possui apenas uma função, que é desempenhar um papel na produção, sem um sentido preciso. No entanto, quando usados intencionalmente pelos homens, tanto a árvore como a foice e o martelo passam a ter uma ideologia: a árvore pode estar de propósito no plano ornamental de uma praça, signifi-

---

[34] BAKHTIN, Mikhail. *Marxismo e filosofia da linguagem*. São Paulo: Hucitec, 1979.

cando um modo de conceber a vida naquele espaço urbano; a foice e o martelo são usados como emblemas da antiga União Soviética, representando o governo comunista. Nos dois casos, esses elementos, em si desprovidos de ideologia, passam a ser tratados ideologicamente.

Portanto, ao lado dos fenômenos naturais e dos objetos tecnológicos, existe o universo dos signos. Qualquer produto natural ou tecnológico pode se tornar signo, quando aponta para uma outra realidade fora dele. Nesse percurso, ele pode distorcer a realidade, ser-lhe fiel, apreendê-la de um ponto de vista específico, e assim por diante, de acordo com a orientação ideológica que lhe for atribuída por aquele que o usa. Por isso, o signo vai sempre estar sujeito a uma avaliação ideológica, que observará seu grau de verdade ou falsidade, correção ou falha. Em outras palavras, o domínio do signo é o campo da ideologia, pois – enfatizamos, para Bakhtin – todo signo é ideológico.

Se assim acontece, então o signo ideológico não é um reflexo ou uma sombra da realidade, mas também parte concreta da mesma. Ele é composto por uma matéria (som, cor, massa, sinal gráfico, movimento e outras mais), por conseguinte, é totalmente objetivo, e, como tal, pode ser estudado. É um fenômeno do mundo exterior, criado pelas pessoas em seu meio social e carregado de sentidos, que provocam ações e reações no meio circundante. Não é, como muitos estudiosos defendem, apenas um dado da consciência, gerado de dentro para fora, na mente de um indivíduo.

Consequentemente, entendemos o signo ideológico como uma produção social que habita a consciência de cada um dos participantes do grupo. Portanto, a consciência individual é alimentada e desenvolvida no âmbito das trocas comunicativas, que, por sua vez, são ideológicas, objetivas e condicionadas às leis sociais. Todos os signos que criamos estão instalados no mundo em que vivemos, e, como lhes damos um viés ideológico, isso está relacionado com o que defendemos como melhor para nós. Vamos observar uma estampa da moda.[35]

Temos, na página seguinte, uma foto de Coco Chanel, a mais famosa estilista francesa do século XX, tirada na primavera de 1930. Ela veste uma criação sua: um conjunto de malha composto de saia um pouco abaixo dos joelhos, casaco xadrez e blusa listrada, com longo colar de pérolas de cinco voltas. Os brincos são discretos, o cabelo, curto, e os sapatos, bicolores, abotoados e não muito altos. Sua moda é tão clássica que, passados mais de setenta anos, ainda é atual. Nasceu após a Primeira Guerra Mundial, quando o mundo passava por transformações importantes, deixando para traz a elite nobre do século XIX e abrindo espaço para a crescente classe média urbana, oriunda da industrialização, que passa a consumir os novos produtos sem usufruir das regalias que a criadagem dos aristocratas do passado oferecia. Para essa camada, Chanel não cria apenas as roupas de tecidos mais baratos (até então a malha só era usada nas roupas íntimas), mas que também encarnam um *modus vivendi* despojado, acessível e adequado ao mundo do trabalho. Daí, por exemplo, o uso de bijuterias, que substituem as caras joias de antigamente. O que a foto revela, pois, é seu comprometimento com o mundo do consumo, extensivo às massas, porque a seu alcance na imprensa e nos magazines da época. A ideologia subjacente à mensagem diz respeito, por isso mesmo, à difusão da certeza de que todos podem

---

[35] BAUDOT, François. *Moda do século*. São Paulo: Cosac & Naify, 2000.

ser felizes e conquistar um bom lugar na sociedade, desde que adquiram os produtos à venda. Tal postura mantém-se nos dias atuais, quando nos deparamos com uma peça publicitária como esta da página seguinte.[36]

A propaganda é sugestiva na medida em que, sobre um fundo vermelho, estampa um código de barras enfeitado com corações de vários tamanhos, também vermelhos. Abaixo, a referência ao Dia das Mães e às ofertas de presentes de um determinado *shopping*. À evocação do preço, que a etiqueta codifica, sobrepõe-se a simbologia do coração, que aponta para a emoção, a sensibilidade e o afeto, não importando de que tamanho. Portanto, a ideologia do consumo está novamente presente, agora camuflada na ideia de que por amor devemos consumir. O que importa, aparentemente, é o coração, que homenageia a mãe em seu dia, e não a insistência na aquisição de um bem material para concretizar o sentimento. Tal mensagem funciona porque nossa sociedade é reificadora,[37] transforma as relações pessoais em objetos passíveis de serem comprados e trocados, e, por tabela, aposta na possibilidade de transformar os sentimentos humanos em mercadorias. Nesse contexto, a fusão de um código de barras aos corações é plenamente justificável: vamos expressar nosso amor comprando um presente, para, por meio dele, comprar o amor materno.

Nos dois exemplos, a linguagem visual suplanta a verbal. Mesmo quando há palavras, como no último caso, o que primeiro nos atrai são as figuras, ficando o texto escrito em segundo plano. Se ele não existisse, a mensagem, que submete o sentimento ao mundo do consumo

---

36 CLAUDIA. São Paulo: Abril, mai. 2004.
37 BARTHES, Roland. *Mitologias*. São Paulo: Difel, 1975.

material, permaneceria. A palavra apenas direciona a intenção para uma data específica e uma pessoa singular em nossa vida. No entanto, a palavra é o modo mais sensível de relação social, estando presente em destaque no mundo das ideologias, principalmente se considerarmos que todos os outros signos podem ser, e quase sempre são, decodificados em palavras. Por exemplo, qualquer gesto, sinal ou cor traduz-se em palavras em nossa mente (abanar quer dizer adeus, uma seta indica direção, o amarelo no trânsito significa esperar).

Mas a palavra não é somente o signo mais indicativo; é ainda um signo neutro,[38] porque pode estar presente em qualquer função ideológica. Os demais signos pertencem cada qual a um sistema e exercem um papel em seu âmbito de atuação, e só nele, como os signos religiosos, que têm sentido dentro do plano espiritual em que se situam (a cruz, a estrela de Davi, a imagem de um santo etc.). Com a palavra é diferente: ela está na comunicação cotidiana; é apreendida por todos nós desde a mais tenra idade; com ela construímos nossos discursos interiores e organizamos nossos pensamentos. Por conseguinte, por sua neutralidade original, a palavra ocupa qualquer lugar ideológico.

Vimos até aqui como as representações sígnicas visuais foram expressas, em nossas interpretações, por meio de palavras que explicitaram as ideologias subjacentes a cada mensagem. Mas não é apenas a publicidade que expressa uma ideologia, pois, como afirmamos, todo signo é ideológico. Nesse sentido, a literatura, enquanto produto semiológico, não foge à regra. Eis o primeiro e o último parágrafos do livro *Terras do sem fim*,[39] de Jorge Amado:

---

[38] BAKHTIN, Mikhail. *Marxismo e filosofia da linguagem*. São Paulo: Hucitec, 1979. p. 22-3.
[39] AMADO, Jorge. *Terras do sem fim*. Rio de Janeiro: Record, 1997. p. 4.

O apito do navio era como um lamento e cortou o crepúsculo que cobria a cidade. O capitão João Magalhães encostou-se na amurada e viu o casario de construção antiga, as torres das igrejas, os telhados negros, ruas calçadas de pedras enormes. Seu olhar abrangia uma variedade de telhados, porém de rua só via um pequeno trecho onde não passava ninguém. Sem saber por que, achou aquelas pedras, com que mãos escravas haviam calçado a rua, de uma beleza comovente. E achou belos também os telhados negros e os sinos das igrejas que começaram a tocar chamando a cidade religiosa para a bênção. Novamente o navio apitou rasgando o crepúsculo que envolvia a cidade da Bahia. João estendeu os braços num adeus. Era como se estivesse se despedindo de uma bem-amada, de uma mulher cara ao seu coração.

Essa é uma história de viagem e de conquista. O autor abre a narrativa descrevendo a partida do navio do ponto de vista da personagem que observa a cidade de um ângulo externo, de dentro da embarcação que se prepara para fazer-se ao mar. Pelos olhos do capitão João Magalhães vemos os telhados, o casario, as ruas que vamos deixar para trás, rumo a Ilhéus, às terras do sem fim. Isso acontece por força do pacto que fazemos com o narrador, que nos leva a simpatizar e torcer por algumas personagens e a esperar a punição e o sofrimento de outras, isto é, não há neutralidade, mas escolha ideológica, incentivada, é claro, pelas palavras de quem narra. É assim que acompanhamos as peripécias do enredo até o parágrafo final:[40]

Cinco anos demoravam os cacaueiros a dar os primeiros frutos. Mas aqueles que foram plantados sobre a terra do Sequeiro Grande enfloraram no fim do terceiro ano e produziram no quarto. Mesmo os agrônomos, que haviam estudado nas faculdades, mesmo os

---
[40] AMADO, Jorge, op. cit., p. 305.

mais velhos fazendeiros, que entendiam de cacau como ninguém, se espantavam do tamanho dos cocos de cacau produzidos, tão precocemente, por aquelas roças.

Nasciam frutos enormes, as árvores carregadas desde os troncos até os mais altos galhos, cocos de tamanho nunca visto antes, a melhor terra do mundo para o plantio do cacau, aquela terra adubada com sangue.

Para encerrar o romance, o narrador não enfoca as pessoas ficcionais que o viveram, mas os cacaueiros carregados de frutos. Talvez essa estratégia seja a melhor para enfatizar o valor do trabalho, a luta pela terra, o sofrimento experimentado. Por intermédio da imagem da lavoura produtiva, "adubada com sangue", o texto assume sua postura ideológica em favor dos dominados, daqueles que precisam se esforçar muito para atingir seus objetivos porque nada lhes é dado gratuitamente. Como a imagem é mais eficaz no convencimento do leitor, porque apela a suas emoções, o caráter ideológico do romance sai fortalecido. É outro o tratamento dado à imagem neste poema de Carlos Drummond de Andrade:[41]

Anoitecer

É a hora em que o sino toca
mas aqui não há sinos;
há somente buzinas,
sirenes roucas, apitos
aflitos, pungentes, trágicos,
uivando escuro segredo;
desta hora tenho medo.

---

41 ANDRADE, Carlos Drummond de. Anoitecer. In: _____. *A rosa do povo*. Rio de Janeiro: Record, 1984. p. 23-4.

É a hora em que o pássaro volta,
mas de há muito não há pássaros;
só multidões compactas
escorrendo exaustas
como espesso óleo
que impregna o lajedo;
desta hora tenho medo.

É a hora do descanso
mas o descanso vem tarde,
o corpo não pede sono,
depois de tanto rodar;
pede paz – morte – mergulho
no poço mais ermo e quedo;
desta hora tenho medo.

Hora de delicadeza,
gasalho, sombra, silêncio.
Haverá disso no mundo?
É antes a hora dos corvos,
bicando em mim, meu passado,
meu futuro, meu degredo;
desta hora, sim, tenho medo.

Quatro estrofes de sete versos brancos e irregulares – quer dizer, sem rimas e com número desigual de sílabas métricas – formam o poema, que parece prometer uma descrição da hora em que o sol se põe. Com efeito, o eu poético inicia cada estrofe com uma imagem tranquila (e comum) do anoitecer: "É a hora em que o sino toca", "É a hora em que o pássaro volta", "É a hora do descanso", "Hora de delicadeza, / gasalho, sombra, silêncio". Os versos que se seguem, em cada estrofe, negam tais afirmações e deixam avultar sua ausência, preenchida com elementos negativos que dão conta da vida urbana moderna. Há, assim, no poema um contraponto entre a calma da natureza e o burburinho mecânico da cidade. Entre os dois polos, está um eu poético que não se ajusta, não encontra espaço para si no mundo massificado. Seu desconforto, porém, não está apenas localizado em sua relação com o mundo, antes o atinge em seu íntimo, transformando-o em um *eu* ameaçado e temeroso. Para o poeta, a reificação do social resulta no aniquilamento do homem, e aí temos uma visão ideológica.

Mário Quintana,[42] senhor de uma lírica pessoal e intimista, vai além quando diz:

> Eu nada entendo da questão social.
> Eu faço parte dela, simplesmente...
> E sei apenas do meu próprio mal,
> Que não é bem o mal de toda a gente,
>
> Nem é deste Planeta... Por sinal
> Que o mundo se lhe mostra indiferente!
> E o meu Anjo da Guarda, ele somente,
> É que lê os meus versos afinal...
>
> E enquanto o mundo em torno se esbarronda,
> Vivo regendo estranhas contradanças
> No meu vago País de Trebizonda...
>
> Entre os Loucos, os Mortos e as Crianças,
> É lá que eu canto, numa eterna ronda,
> Nossos comuns desejos e esperanças!...

---

[42] QUINTANA, Mário. *Poesias*. Porto Alegre: Globo, 1972. p. 5-6.

Já no primeiro verso do soneto, o poeta dá as costas para a "questão social", não porque ela não exista, mas porque não a compreende. À agitação do mundo prefere seu Anjo da Guarda e um país particular, onde se identifica com os loucos, os mortos e as crianças, isto é, com todos os excluídos da vida cotidiana. No entanto, ao negar o mundo do lado de cá, ao voltar-se para o sonho, a lírica, o delírio, a morte, Quintana está nos provocando e reagindo à materialidade mesquinha da sociedade. O eu lírico rompe com o coletivo e, ao fazê-lo, ganha voz, restaurando o sentido de humanidade que perdemos no dia a dia.

Nesse sentido, podemos afirmar que a lírica, em seus momentos mais intimistas, é, por isso mesmo, ideológica. Ela se posiciona, recupera os mais profundos valores humanos e coloca-se contra os mecanismos sociais que anulam o homem e a natureza e promovem a alienação. Sua pura subjetividade, aquilo que nela sugere ausência e desinteresse é, ao contrário, uma força contra a existência automatizada, que retira do homem o direito de ser e sentir. Temos aqui, pois, a ideologia em seu estado mais libertador, porque aliada ao que é essencial à vida. Por esses caminhos, Mário Quintana e todos os poetas líricos como ele praticam uma linguagem marcada pela ideologia,[43] como de resto todas as linguagens.

■

---

[43] ADORNO, Theodor. Lírica e sociedade. In: *Theodor Adorno*. São Paulo: Abril Cultural, 1980. p.193-208. (Os pensadores)

6 Com o computador, a linguagem entra na rede

Discutimos até agora as questões da linguagem verbal e não verbal, desde sua necessidade até sua carga ideológica, passando por sua formação na mente humana, seus usos e suas funções, levando em conta as técnicas que se desenvolveram através dos tempos e nos permitem criar mensagens orais, escritas, visuais, sonoras e tantas outras. São, por assim dizer, modos tradicionais de compor os textos. A segunda metade do século XX, no entanto, foi pródiga na produção de novas tecnologias e na socialização das mesmas. Dentre elas existe uma máquina especial, o computador, que se alastra por quase todo o mundo e invade os mais variados ambientes, dos laboratórios às salas de aula, dos bancos aos escritórios e consultórios, dos gabinetes oficiais às instituições comerciais, chegando ao espaço privado das residências, e, mais ainda, andando com as pessoas, na sua versão portátil. Por meio do computador enviamos e recebemos mensagens, obtemos informações, nos divertimos. Desse modo, em todos os lugares tecnologicamente preparados, a comunicação humana passa pelo crivo desse aparelho, que estabelece uma rede interativa mundial.

A concepção e o uso do computador, que se valem das linguagens verbal, visual e cinestésica, fazem-nos pensar no lugar que essa tecnologia vai ocupar cada vez mais na vida contemporânea, nos modos de ler e se comunicar que ela propicia e no confronto com a cultura livresca que, sem dúvida, está acontecendo.[44] Estamos no limiar de uma nova era, e há os que afirmam a morte do livro. Situações similares ocorreram com o aparecimento da fotografia em relação à pintura, ou com a invenção da televisão em relação ao cinema. Nos dois casos, e em tantos outros, o que passou a existir foi a convivência pacífica entre produções culturais variadas, enriquecendo os modos de expressão. *A priori*, pois, apostamos na vida longa do papel, ao lado da tela. Sobre essa relação é exemplar o comportamento de uma menina de doze anos que, navegando na Internet, e depois de consultar os *sites* que lhe interessavam, imprimiu as páginas escolhidas. Ao ser questionada sobre a razão da cópia em papel, explicou que o fazia porque queria ler sobre o assunto. Sua atitude denota o aproveitamento dos dois suportes: na máquina, exercita uma leitura dinâmica, panorâmica, abrangente, com um ícone remetendo a outro e as informações mesclando-se em rede, podendo fazer escolhas e selecionar dados; no papel impresso, dedica-se a uma leitura reflexiva, vertical, concentrada em um tema, passível de ser repetida em qualquer tempo e lugar. O que podemos observar são momentos complementares, uma vez que a uma pesquisa informatizada segue-se a atenção ao impresso. Certamente, ao denominar o segundo momento de "ler", a jovem ainda está impregnada do

---

[44] CHARTIER, Roger. *A aventura do livro*: do leitor ao navegador. São Paulo: UNESP, 1999.

valor dado ao papel em nossa cultura letrada, transmitido sobretudo por meio da escola.

Convivemos com os textos impressos desde o século XV, quando Gutenberg criou uma nova técnica baseada nos tipos móveis e na prensa. A escrita[45] é uma invenção bem mais antiga, pois surgiu na Suméria, região da Mesopotânia, há cerca de três mil anos, em plaquetas de barro com inscrições sobre a vida cotidiana daquele povo. Com o tempo, os primeiros símbolos foram se modificando e tomando diferentes formas nos lugares em que eram adotados, até aparecer o alfabeto que usamos hoje. Antes dos livros, pequenas pranchas de terracota serviam para a escrita, até que o homem descobriu que seria muito mais prático escrever na cortiça, no tecido ou na fibra vegetal. E assim surgiu o livro, como um *volumen*, rolo de folhas de papiro coladas umas às outras que eram entregues aos copistas para que redigissem os manuscritos. Para lê-los, era necessário ir desenrolando o material, de modo bem incômodo, se pensarmos nos livros de hoje. O trabalho de edição era dispendioso e dependia das graças de um mecenas; poucos eram os leitores – sacerdotes e nobres em sua grande maioria –, daí a necessidade das leituras públicas. Eram nessas ocasiões que o conteúdo dos textos era divulgado, levando a cultura letrada a um maior número de pessoas. Todavia, o povo não tinha acesso à leitura, e essas reuniões assemelhavam-se à experiência oral de contar histórias dos povos primitivos.

Depois de ter substituído o papiro pelo pergaminho, bem mais barato e resistente, os editores de então começaram a cortar as folhas e a costurá-las em cadernos, criando

---

[45] MARTINS, W. *A palavra escrita*: história do livro, da imprensa e da biblioteca. São Paulo: Ática, 1998.

o *codex*, em páginas como o livro moderno. Durante mais de mil anos foi esse o meio mais prático e universal de conservar e difundir as ideias políticas, científicas e literárias da humanidade. No entanto, as cópias manuais desses livros eram caras e trabalhosas e, com o crescimento das camadas médias da sociedade, no século XIV, tornaram-se incapazes de atender à procura dos novos leitores. A invenção da imprensa veio resolver o problema; o sucesso do livro ultrapassou todas as expectativas porque, como objeto industrial, ele passou a ser produzido em escala crescente, transformando-se em objeto ao alcance das massas, embora uma grande parte ainda fosse analfabeta. Em 1500, o livro, tal como o conhecemos na atualidade, já estava espalhado por toda a Europa.

O impacto da invenção da imprensa no século XV é comparável ao da popularização do computador nos dias de hoje, e, se levarmos em conta as dificuldades de produção do livro manuscrito e a rapidez de fabricação do livro impresso, bem como a precariedade de distribuição do primeiro e a facilidade de acesso ao último, a aproximação é válida. Entretanto, no que diz respeito às possibilidades de manuseio dos suportes e aos modos de ler, temos que admitir que vivemos hoje uma nova era, o que não aconteceu na época de Gutenberg. Naquele momento, a passagem do manuscrito ao impresso não alterou o formato do livro nem sua diagramação. A leitura, por conseguinte, continuou a se fazer do mesmo modo, com o leitor virando as páginas, seguindo o texto linearmente do princípio ao fim. Há, portanto, uma relação muito próxima entre a cultura do manuscrito e a do impresso, sem falar que, no começo, a desconfiança em relação a este último era muito grande, pois acreditava-se que ele tornava as relações entre autores e leitores muito impessoais. Essa ideia ainda persiste, aliás, em algumas situações da vida social em que o manuscrito é muito valorizado, como por exemplo no endereçamento de um envelope de convite de casamento, de aniversário ou de formatura. Há, inclusive, pessoas especializadas na função.

Com o manejo do computador, tais práticas, apoiadas no manuscrito ou no impresso, desaparecem. O que temos diante de nós é uma tela sobre a qual o texto eletrônico está exposto para ser lido, sem ser tocado pelo leitor. Tudo o que a leitura exige é o controle do *mouse* para movimentar as letras e as imagens que brilham a sua frente. Em certo sentido, o movimento do texto no monitor lembra o antigo rolo dos tempos antigos, pois as linhas "desenrolam-se" na tela à medida que o leitor aciona o *mouse*. Há mesmo um recurso técnico chamado "barra de rolagem". O fluxo sequencial das linhas e sua continuidade, que não marca fronteiras nítidas das páginas, em nada lembram o livro, com capa, páginas costuradas e diagramação rígida para ser seguida linearmente.

O computador inaugura novos comportamentos dos leitores,[46] permitindo escolhas, cruzamentos, relações em rede. Diante dele, o sujeito cria seu próprio texto, porque pode abrir páginas novas com um mágico clicar e ir estabelecendo uma tessitura combinada segundo seus interesses, sendo possível a cópia de fragmentos que, colados, dão origem a um novo texto. O que ele tem diante de si é um mar de opções simultâneas que o conduz a uma leitura globalizada e dinâmica, em busca da inscrição que pode levá-lo a seu foco de interesse. Em outras palavras, nesse momento a leitura linear e contínua é impossível. A seguir,

---

[46] COSCARELLI, Carla Viana. (Org.) *Novas tecnologias, novos textos, novas formas de pensar*. Belo Horizonte: Autêntica, 2002.

diante de um texto de fôlego, lê páginas consecutivas, quase como o leitor de um livro. Não pode, é claro, escrever nas margens, sublinhar, riscar, mas, grosso modo, ele é, ao mesmo tempo, os dois tipos de leitor, o tradicional e o informatizado. Há, sem dúvida, mais liberdade no mundo virtual do computador, mas também maior distanciamento e um sentido provisório de apropriação do texto.

A relação do leitor com o livro impresso é física, corporal, pois ele manuseia o objeto, carrega-o consigo, pode, como dissemos, marcá-lo. Com o computador, a mediação do teclado e do *mouse* instaura um afastamento entre o autor, ou o leitor, e o texto. A nova posição de leitura é, pois, diferente, tanto no sentido intelectual como físico. Por outro lado, o meio informatizado produz uma síntese: várias funções, que na cultura livresca são absolutamente especializadas – como as do autor, do editor, do gráfico, do distribuidor e do livreiro – tornam-se, no mundo computadorizado, uma só. Da ideia à circulação do texto, tudo pode ser responsabilidade e mérito de uma só pessoa. E, ainda, na rede eletrônica, todas as operações podem ser quase simultâneas.

No entanto, o direito de interferência nos textos e as possibilidades de participação do leitor confundem, na rede eletrônica, as noções de texto e autor. Nesse aspecto, parece que voltamos aos tempos antigos, em que o escriba podia alterar o escrito e o direito autoral não existia. Muitas vezes, o escritor era aquele que colocava no papel o que outrem ditava, ou então ele escrevia por inspiração divina, quer dizer, a palavra não era sua. Logo, o escritor e o autor não eram, necessariamente, a mesma pessoa. Agora, a composição de uma miscelânea de textos de origens diversas não pode ser creditada a um autor, construindo-se uma noção de coletivo muito abrangente, porque dispersa em rede universal. Mesmo as noções de autor e de leitor se confundem, dada a liberdade que o leitor tem de criar seu próprio texto.

Vivemos essas novas situações porque contamos não apenas com o real, mas com o virtual que a informatização nos oferece. O real diz respeito ao mundo concreto, estático, já constituído pelos objetos, entidades, acontecimentos: nossa casa, a escola, as pessoas com quem convivemos, a vida doméstica e social são reais. O virtual é um complexo de tendências ou forças que acompanha uma situação como sua questão fundamental, que chama um processo de solução, uma atualização. Um embrião, por exemplo, carrega o problema de se tornar um novo ser, já traz em seu código genético todas as suas características; é, portanto, o ser virtual que vai se atualizar. O mesmo acontece com os textos: eles são, na linguagem virtual,[47] um imenso hipertexto de suporte informático que ocupa os pontos da rede, à qual está conectada sua memória digital com seu código. Nosso computador, ligado à rede, pode copiá-lo em segundos, acionando o endereço desse arquivo digital. Senão, vejamos: o texto está desterritorizalidado, isto é, não ocupa um lugar e um tempo reais, mas é virtual e pode ser atualizado a qualquer momento. Por isso, as noções de autor e leitor ficam muito diluídas: claro que alguém criou o hipertexto, mas, uma vez na rede, essa figura cola-se à do receptor, que a manipula à vontade.

Invenções tecnológicas sempre alteram o cotidiano das pessoas, e, o que é muito importante, como provocam novos modos de comunicação, promovem mudanças no universo cultural como um todo, criando concep-

---

[47] LÉVY, Pierre. *O que é virtual?* São Paulo: Ed. 34, 1996.

ções de tempo, de lugar e de mundo não experimentadas anteriormente. Foi assim, por exemplo, com o automóvel e o avião, que deram um sentido de rapidez temporal e aproximação espacial nunca antes vivido. A partir deles, passamos a conceber a vida e a nos relacionar como não seria possível em outras épocas. Graças à facilidade de locomoção, lugares distantes tornaram-se próximos, e podemos, com isso, fazer em um dia o que levaríamos semanas e meses para realizar no passado. Em síntese, inventamos a máquina e precisamos correr atrás dela.

Devemos, pois, estar preparados para o computador. Ele é, em si, um objeto do mundo real que ocupa um espaço na casa, na escola ou na empresa. Mas ele é mais do que isso, porque carrega uma memória digital que nos permite atualizar as mais diferentes mensagens, penetrando em um novo universo de produção e leitura de signos. A tecnologia enriquece, assim, as trocas culturais, porque faz aparecer novos gêneros ligados à interatividade. Estar frente ao aparelho é estar ligado no mundo e ser capaz de criar e receber textos dos mais variados tipos. Por isso, o exercício de tal comunicação estimula outras manifestações culturais, desde a linguagem cotidiana (*deleta* por esquece, por exemplo!) até as artes e a literatura, em especial.

Se o modelo da tela luminosa tem inspirado as artes plásticas, e a arte digital é hoje uma realidade, na literatura surgem novos gêneros. Um deles é o RPG, sigla para a expressão inglesa Role-Playing Games, que designa uma brincadeira de contar histórias, como um jogo de escolhas em que o herói é o leitor. Daí deriva o tratamento do texto, direcionado ao usuário como um manual de instruções, isto é, a narrativa está voltada para o exterior, porque sua continuidade depende do jogador. Para cada ação há várias opções, e, ao se decidir por uma, o receptor participa da construção da obra. O princípio do gênero RPG aproxima-se, portanto, daquele que rege as ofertas do texto digital. Neste caso, no entanto, elas são reais como em *Viver ou morrer*: esta é a jogada, de Athos Beuren:[48]

4

Você olha os livros, mas só três deles parecem suspeitos. Você lembra de que há algo aqui, mas não lembra o quê. Qual livro você puxará? O Deus do Trovão (vá para 40)? A Morte Chega Cedo (vá para 34)? Contos de Terror (vá para 14)?

Não é preciso contar que, por pura falta de sorte, escolhemos o número 14:

14

Quando você o puxa, um fogo o rodeia. É o fogo grego! Você nem sabe de onde ele veio, mas sabe que em algum tempo apenas suas cinzas sobrarão para contar a sua trágica e estúpida história. Você já foi condenado uma vez e desta vez você não passa. Fim.

Esse jogo de viver histórias tomando decisões parte de uma matriz virtual que contém todas as possibilidades de atualização da história. Cabe ao leitor optar por aquelas que mais lhe convêm e deixar a sorte correr. Seu interlocutor é o texto, diante do qual ele pode "viver ou morrer" porque tem liberdade de escolha. De certo modo, toda leitura literária funciona como um jogo igual a esse. O gênero, aqui, só explicita as regras, mas o texto literário, porque simbólico, também dá várias possibilidades ao leitor. Suas

---

[48] BEUREN, Athos. *Viver ou morrer*: esta é a jogada. Porto Alegre: Mercado Aberto, 1997.

escolhas decorrem de seus conhecimentos prévios, suas vivências, sua visão de mundo. Por isso podemos dizer que o leitor se lê, nos sentidos virtuais da literatura.

Outros exemplos de cruzamentos entre a literatura impressa e os mecanismos da linguagem da informática são os casos de obras construídas a partir de *e-mails*. Como a literatura dramática, em longos diálogos, ou a epistolar, as histórias constroem-se sem um narrador presente, como se acontecessem no mundo virtual. Vejamos os primos Ramos Amado em *A n@ve de Noé*:[49]

> De: janinha@xis.com.br
> Assunto: Coincidência?
>
> Queridos
> vocês nem vão acreditar, mas sabem o que veio na *home page* do meu provedor, hoje? Esta notícia: "O SETI@home é um tipo muito especial de 'screensaver' – como são conhecidos em inglês os dispositivos que conectam seu computador ao projeto SETI – Search for Extraterrestrial Intelligence, em português, Busca de Inteligência Extraterrestre. Com isso, você poderá ajudar os cientistas na procura de possíveis sinais alienígenas, analisando dados capturados pelo maior radiotelescópio do mundo".
> Gente, tou excitadíssima com a coincidência! Coincidência?
> Jana Sherlock

A partir da correspondência *on-line* entre dez primos adolescentes, nasce um livro que trata de sexo, drogas, música, política, religião, namoro, família. Assumindo personagens fictícias, os jovens vivem situações inusitadas, em clima de aventura e mistério. Como nos romances episto-

---
[49] RAMOS, AMADO, PRIMOS. *A n@ve de Noé*. Rio de Janeiro: Record, 2000.

lares, a linguagem do mundo privado, íntima e coloquial, toma conta da história, o que dá ao leitor um certo lugar de *voyeur*, de quem espia a vida particular dos outros. O curioso é que, nesses tempos de rede, a intimidade se esvai, perde o lugar reservado no universo virtual. Ao colocar seus textos no papel, os autores ratificam esse processo e tornam públicas as relações mais pessoais. É o que fazem Letícia Wierzchovski e Marcelo Pires em *Eu@teamo.com.br: o amor nos tempos de internet*,[50] quando publicam seus *e-mails* em livro:

> Subject: Re: Lê
> Date: Mon, 14 Dec 1998 11:34:42 – 0200
> From: "leticia"
> <leticiaw@netmarket.com.br>
> To: "Marcelo Pires"
> <pires@wbrasil.com.br>
>
> Hum... Gostou dos contos, que legal. Achou que eu estava ligando de madrugada, impossível. Você me deu um cansaço; duas da manhã eu estava no décimo sono. Mas, quase um consolo, acho que sonhei com você. Saudades, é? Então tá, eu também tou com saudades. Que graça isso, hein? Não se mate de trabalhar, olha que a Lei Áurea faz tempo que foi aprovada.
> Um BEIJO maiúsculo,
>
> > Leticia

Há, no caminho do *e-mail* ao livro, a intenção de conservar a linguagem que, na rede, é instantânea, globalizante, mas efêmera. Por isso, podemos reafirmar que os

---

[50] WIERZCHOWSKI, Letícia; PIRES, Marcelo. *Eu@teamo.com.br*. Porto Alegre: L&PM, 1999. p. 33.

dois suportes se complementam. Se, com o computador, a linguagem entra em rede, no livro as modalidades virtuais fazem nascer novos modos comunicativos, que documentam as experiências humanas no tempo e no espaço real.

■

CONHECEMOS, ENTÃO PERGUNTAMOS

Fazer perguntas significa conhecer, pois só temos dúvidas, curiosidades, dificuldades a respeito daquilo que já sabemos. Precisamos primeiramente nos apropriar de um objeto do conhecimento, entrar em contato com ele e desvendá-lo, para depois questionarmos sobre aspectos que não dominamos ou sobre as relações que podem ser estabelecidas. Não temos, por exemplo, nenhuma pergunta a fazer acerca da gramática da língua chinesa ou dos conceitos avançados de física, porque não falamos chinês nem estudamos física a fundo. No que diz respeito a essas áreas, estamos tranquilos.

O mesmo não acontece com relação às várias linguagens de que tratamos aqui: como historiamos situações, definimos conceitos, relacionamos dados, analisamos textos, adquirimos conhecimentos sobre o verbal e o não verbal e passamos a nos interrogar. O livro possibilitou que, capítulo a capítulo, discutíssemos aspectos relacionados à linguagem. No primeiro, condicionamos seu aparecimento à necessidade humana de comunicação e comentamos suas diferentes acepções, suas modalidades, seus atores. No segundo, observamos as diferenças entre as linguagens analógica e digital de acordo com sua produção no hemisfério cerebral direito ou esquerdo, enfatizando a relação de complementariedade entre eles. No terceiro, falamos da origem social das linguagens como sistemas de signos e explicamos como os mesmos funcionam no processo de comunicação, dando origem a gêneros verbais e não verbais com características distintas. No quarto, dissecamos a atividade comunicativa a partir da análise dos elementos que a integram e das funções que cada um deles exerce no contexto das trocas humanas. Salientamos, nesse momento, a diversidade de textos comunicativos segundo o predomínio de uma função da linguagem sobre as outras. A seguir, enfatizamos uma ideia sintetizadora, a de que toda linguagem é ideológica. Para isso, conceituamos historicamente o termo ideologia e avaliamos mensagens verbais e não verbais, sob a ótica do comportamento ideológico que pretendem transmitir. Por fim, penetramos na linguagem gerada pelo computador para constatar as mudanças que as novas tecnologias provocam na comunicação humana.

Mais que esclarecer, cada um dos tópicos que desenvolvemos suscitou questões. Portanto, todos eles merecem ser estudados em profundidade, a fim de que conheçamos melhor o provocante mundo da comunicação, os meios e as formas de que nos valemos para nos manter em contato com os outros. Isso porque as mensagens que criamos e recebemos serão mais ou menos eficientes dependendo da matéria verbal ou não verbal que escolhemos e de nossa competência para codificar e decoficar os enunciados. Produziremos textos mais instigantes para nossos interlocutores e seremos capazes de ler os textos que nos enviam, direta ou indiretamente, de modo mais arguto e enriquecedor se conhecermos melhor os meios físicos e os processos de combinação do mundo dos signos. Só assim poderemos colocar em ação, de maneira plena, nossa vida psíquica e social.

Contudo, a comunicação humana toma uma dimensão ainda mais consistente se for pensada culturalmente, isto é, se cada mensagem for entendida como uma manifestação significativa em um dado contexto espacial e temporal. E mais: devemos considerar que cada texto dialoga com todos os textos que o antecederam, sendo um portador da história do grupo que o produz. Visto por esse prisma, cabe retomar as várias linguagens verbais e não verbais e, adentrando em sua especificadade, traçar seu percurso enquanto processos de comunicação entre os homens. O saldo final nos garantirá uma vida mais gratificante, porque mais consciente e plena de contatos humanos em todas as possibilidades das linguagens verbal e não verbal.

■

GLOSSÁRIO

Ambiente monástico – Pode ser descrito como o cotidiano dos conventos, em que os monges permaneciam isolados e solitários, voltados para a vida espiritual, comunicando-se pouco entre si.

Banquete homérico – Refere-se a uma lauta refeição oferecida pelo anfitrião – o dono da casa – a um grande número de convidados, para confraternizar com os visitantes e homenageá-los. O escritor grego Homero descreve, já no século IX a.C – sobretudo na obra *Odisséia* –, esse costume grego de convívio social.

Copista – Pessoa que copiava os manuscritos, antes da invenção da imprensa. Era um profissional respeitado entre os antigos, porque a maioria da população não sabia escrever.

Escriba – Era uma profissão valorizada na Antiguidade. Para os judeus, valia como título de doutor em leis, intérprete oficial das Sagradas Escrituras; para os egípcios, era um importante personagem da administração, encarregado da redação dos textos. Também tinha o mesmo significado de copista, aquele que copiava os manuscritos ou, muitas vezes, escrevia mediante ditado.

Herança genética – A expressão é usada para designar o conjunto de características físicas, psicológicas e comportamentais transmitidas aos filhos pelos genes dos pais, através das gerações.

Linguagem cinestésica – É a linguagem que se constrói a partir de uma matéria especial, o movimento, como, por exemplo, o gesto. O termo cinestesia vem de *kínesis*, que em grego significa movimento. É daí que vem também a palavra cinema, arte que põe a imagem em movimento.

Mecenas – Foi um estadista e poeta da corte de Augusto (século I a.C), que se cercou de artistas e homens de letras como Virgílio e Horácio. Seu nome passou para a história como sinônimo de protetor das artes e das letras.

Papiro – Planta das margens alagadiças do rio Nilo, na África, era usada pelos egípcios desde 2500 a.C como suporte para a escrita. As folhas, entrelaçadas e coladas, eram flexíveis, ideais para receber os textos administrativos, jurídicos e médicos, as contas, as cartas, a literatura.

Pergaminho – Designa um tipo de material utilizado para a escrita e a encadernação, preparado a partir da pele de cabra, de ovelha ou de outro animal, que é macerada em cal, raspada e polida. O livro moderno tem a mesma forma daquele feito com pergaminho.

Terracota – As pranchas de terracota eram feitas de argila moldada, cozida em baixa temperatura e sem verniz, servindo na Antiguidade de suporte para a escrita. A partir da Idade Média, esse material passou a ser (e ainda é) privilegiado pelos escultores.

■

SUGESTÕES DE LEITURA

BAKHTIN, Mikhail. *Marxismo e filosofia da linguagem*. São Paulo: Hucitec, 1979.

O autor analisa a linguagem em sua dimensão social, antecipando os estudos sociolinguísticos modernos. Aborda os fenômenos da significação à luz das necessidades geradas pela infraestrutura social, insistindo no caráter ideológico dos signos.

BARTHES, Roland. *Elementos da semiologia*. São Paulo: Cultrix, 1971.

O texto nos introduz no mundo dos signos, definindo-os, classificando-os e analisando situações de uso na sociedade.

BARTHES, Roland. *Mitologias*. São Paulo: Difel, 1975.

O autor estuda o mito como um sistema semiológico, e, por isso, um sistema de valores, o que o leva a considerar a carga ideológica que seus enunciados carregam em inúmeras manifestações da vida cotidiana.

CHARTIER, Roger. *A aventura do livro do leitor ao navegador*. São Paulo: UNESP, 1999.

O autor discorre sobre a história do livro e os modos de ler, chegando aos tempos atuais e ao advento do mundo virtual. Coteja os vários suportes de leitura e as vantagens e desvantagens de cada um.

CHAUÍ, Marilena. *O que é ideologia*. São Paulo: Brasiliense, 1984. (Primeiros passos)

O livro traz a definição de ideologia baseada no pensamento marxista. Faz a recuperação histórica do termo e o analisa a partir de alguns exemplos.

EDWARDS, BETTY. *Desenhando com o lado direito do cérebro*. Rio de Janeiro: Ediouro, 2003.

A autora disserta sobre a linguagem do desenho e, para isso, recupera a formação das diferentes linguagens nos hemisférios direito e esquerdo do cérebro, salientando a especificidade das construções de cada um.

JAKOBSON, Roman. *Linguística e comunicação*. São Paulo: Cultrix, 1969.

O capítulo "Linguística e poética" discorre sobre o processo de comunicação, apontando as funções da linguagem e as especificidades dos textos segundo o predomínio de uma dessas funções.

■

QUESTÕES
PARA REFLEXÃO E DEBATE

A partir da leitura deste livro sobre o verbal e não verbal, e com o apoio das sugestões de leitura indicadas, propomos as seguintes tarefas para grupos de discussão ou pesquisa individual:

1 Fazer uma coleção de vinte textos em diferentes linguagens e analisar as condições em que se dá o processo de comunicação em cada um deles. Verificar, a seguir, quais os aspectos comuns a todos os textos e quais os específicoss de cada tipo. A partir dos dados, definir comunicação.

2 Escolher um tema – a viagem, o amor, o mar, a natureza ou qualquer outro – e colecionar textos verbais e não verbais relacionados a ele. Interpretar os textos, considerando o uso da linguagem analógica e o da digital.

3 Criar, arbitrariamente, um sistema de signos, com todas as regras que devem reger o funcionamento do código. Difundi-lo entre seus pares e trocar mensagens nessa nova linguagem.

4 Levantar uma série de situações de comunicação, começando pela reunião de seu grupo de estudos, e identificar as funções de linguagem usadas em cada processo comunicativo, salientando aquela que predomina sobre as outras. A partir dos dados analisados, comparar as diferentes situações e suas implicações sociais.

5 Assistir a filmes de diferentes países e discuti-los, do ponto de vista das ideologias que transmitem, levando em conta o contexto sociocultural de produção dos mesmos.

6 Organizar um grupo de discussão em rede informatizada, propondo um tema de interesse comum. Trazer os resultados para o grupo presencial e discutir as vantagens e desvantagens da comunicação virtual.

■

CONHEÇA OUTROS LANÇAMENTOS DA COLEÇÃO PARADIDÁTICOS UNESP

SÉRIE NOVAS TECNOLOGIAS

Da Internet ao Grid: a globalização do processamento
Sérgio F. Novaes e Eduardo de M. Gregores
Energia nuclear: com fissões e com fusões
Diógenes Galetti e Celso L. Lima
Novas janelas para o universo
Maria Cristina Batoni Abdalla e Thyrso Villela Neto

SÉRIE PODER

A nova des-ordem mundial
Rogério Haesbaert e Carlos Walter Porto-Gonçalves
Diversidade étnica, conflitos regionais e direitos humanos
Tullo Vigevani e Marcelo Fernandes de Oliveira
Movimentos sociais urbanos
Regina Bega dos Santos
A luta pela terra: experiência e memória
Maria Aparecida de Moraes Silva

SÉRIE CULTURA

Cultura letrada: literatura e leitura
Márcia Abreu
A persistência dos deuses: religião, cultura e natureza
Eduardo Rodrigues da Cruz
Indústria cultural
Marco Antônio Guerra e Paula de Vicenzo Fidelis Belfort Mattos
Culturas juvenis: múltiplos olhares
Afrânio Mendes Catani e Renato de Sousa Porto Gilioli

SÉRIE LINGUAGENS E REPRESENTAÇÕES

O verbal e o não verbal
Vera Teixeira de Aguiar
Imprensa escrita e telejornal
Juvenal Zanchetta Júnior

SÉRIE EDUCAÇÃO
Políticas públicas em educação
João Cardoso Palma Filho, Maria Leila Alves e Marília Claret Geraes Duran
Educação e tecnologias
Vani Moreira Kenski
Educação e letramento
Maria do Rosário Longo Mortatti
Educação ambiental
João Luiz Pegoraro e Marcos Sorrentino

SÉRIE EVOLUÇÃO
Evolução: o sentido da biologia
Diogo Meyer e Charbel Niño El-Hani
Sementes: da seleção natural às modificações genéticas por intervenção humana
Denise Maria Trombert de Oliveira
O relacionamento entre as espécies e a evolução orgânica
Walter A. Boeger
Bioquímica do corpo humano: para compreender a linguagem molecular da saúde e da doença
Fernando Fortes de Valencia
Avanços da biologia celular e molecular
André Luís Laforga Vanzela

SÉRIE SOCIEDADE, ESPAÇO E TEMPO
Trabalho compulsório e trabalho livre na história do Brasil
Ida Lewkowicz, Horacio Gutiérrez e Manolo Florentino
Imprensa e cidade
Ana Luiza Martins e Tania Regina de Luca
Redes e cidades
Eliseu Savério Sposito
Planejamento urbano e ativismos sociais
Marcelo Lopes de Souza e Glauco Bruce Rodrigues

SOBRE O LIVRO

Formato: 12 x 21 cm
Mancha: 20,5 x 38,5 paicas
Tipologia: Fairfield LH 11/14
Papel: Offset 75 g/m² (miolo)
Cartão Supremo 250 g/m² (capa)
1ª edição: 2004
3ª reimpressão: 2016

EQUIPE DE REALIZAÇÃO

Coordenação de Produção
Fernando Santos e Sidnei Simonelli

Produção Gráfica
Anderson Nobara

Preparação de Original
Maria Sylvia Corrêa

Revisão de Texto
Pedro Carvalho Santos

Projeto Gráfico e Diagramação
Crayon P&PG

Impressão e Acabamento
FARBE DRUCK
gráfica e editora ltda.